UNIVERSITÉ DE LYON

FACULTÉ DE DROIT

DE l'Outrage Public A LA PUDEUR

THÈSE

POUR LE DOCTORAT

PRÉSENTÉE ET SOUTENUE DEVANT LA FACULTÉ DE DROIT DE LYON

PAR

Abel MAILLEFAUD

LAURÉAT DE LA FACULTÉ DE DROIT

JUGE SUPPLÉANT AU TRIBUNAL CIVIL DE LYON

LYON

IMPRIMERIE DES FACULTÉS

20, Rue Cavenne, 20

1896

DE

l'Outrage Public à la Pudeur

FACULTÉ DE DROIT DE LYON

MM.

CAILLEMER O. ❋, *doyen*, professeur de droit civil.

THALLER, professeur honoraire, professeur à la Faculté de droit de Paris.

MABIRE ❋, assesseur du doyen, professeur de droit civil.

GARRAUD, professeur de droit criminel.

APPLETON Charles, professeur de droit romain.

FLURER, professeur de droit civil.

ROUGIER, professeur d'économie politique.

ENOU, professeur de droit administratif.

AUDIBERT, professeur de droit romain.

COHENDY, professeur de droit commercial.

BERTHÉLEMY ❋, professeur d'histoire du droit.

PIC, professeur de droit international public.

BARTIN, professeur de procédure civile.

SOUCHON, agrégé, chargé des cours d'histoire des doctrines économiques et d'histoire du droit public.

APPLETON Jean, agrégé, chargé du cours de législation financière.

APPLETON Henri, maître de conférences.

BECQ, secrétaire.

Président : M. GARRAUD.

Assesseurs : MM. FLURER.
PIC.

UNIVERSITÉ DE LYON

FACULTÉ DE DROIT

DE
l'Outrage Public
A LA
PUDEUR

THÈSE

POUR LE DOCTORAT

PRÉSENTÉE ET SOUTENUE DEVANT LA FACULTÉ DE DROIT DE LYON

PAR

ABEL MAILLEFAUD

LAURÉAT DE LA FACULTÉ DE DROIT

JUGE SUPPLÉANT AU TRIBUNAL CIVIL DE LYON

LYON

IMPRIMERIE DES FACULTÉS

20, Rue Cavenne, 20

—

1896.

INTRODUCTION

Des attentats aux mœurs en général. — Fondement philosophique et social de ces infractions. — Différences entre l'outrage public à la pudeur et les autres attentats aux mœurs.

Le législateur, qui organise une Société et qui réprime les actes pouvant porter atteinte à son bon fonctionnement, doit nécessairement s'occuper des infractions contre la moralité publique. Les faits qui engendrent une répression de ce chef sont compris dans les législations sous le nom d'*attentats aux mœurs*.

On peut considérer ces infractions sous deux points de vue différents : les unes portent plutôt atteinte à l'ordre dans la famille, les autres ont plus particulièrement trait à la moralité publique. Certains Codes les réunissent sous un même titre, d'autres les séparent. Notre législation française suit ce dernier parti : Aussi range-t-elle à part l'*avortement*, l'*abandon d'enfant*, la *destruction de l'état civil*, l'*enlèvement de mineurs*, et ne comprend elle dans les attentats aux mœurs que le *viol*, l'*attentat à la pudeur*, l'*excitation de mineurs à la débauche*, l'*outrage public à la pudeur*, l'*adultère* et la *bigamie*. Cette classification pourrait être critiquée ; car, si les premières de ces infractions sont en effet des manquements à la moralité publique, les deux dernières rentrent bien plus dans la catégorie des délits contre l'organisation de la famille. Mais nous n'avons pas à faire ici la critique des classifications de notre loi pénale ; nous n'avons même pas à nous occuper des attentats aux mœurs en général, mais seulement à nous inquiéter de l'*outrage public à la pudeur*. Cependant, nous sommes obligés, pour différencier ce délit des autres infractions de même nature, de dire quelques mots des outrages aux mœurs en général.

Nous devons tout d'abord nous demander quel est, au point de vue philosophique, le fondement de la répression des infractions dont nous nous occupons. Il est évident, comme nous le disions tout à l'heure, qu'une Société bien organisée ne peut laisser à ses membres le droit de donner libre carrière à leurs passions : si les attentats contre les mœurs n'étaient pas réprimés, plus d'ordre dans la famille, plus aucune décence dans la rue. Le législateur doit donc en cette matière tracer des règles qu'on ne devra point transgresser. Mais de suite apparaissent les difficultés, car c'est en notre matière que semblent se rapprocher davantage les limites du Droit et de la Morale. Aussi faut-il que ces deux choses soient nettement séparées ; les règles de l'austère Morale ne seront pas les mêmes que celles du Droit pénal ; ces dernières devront être beaucoup plus limitées et c'est le cas de répéter la formule de Bentham :

« La Morale et le Droit sont deux cercles concentriques dont la première est le grand cercle et le second le petit cercle. »

Notre ancienne législation n'avait pas fait à ce point de vue la distinction que nous venons d'énoncer. Pour elle, ce qui était surtout punissable, c'était l'acte charnel en dehors du mariage, en un mot le *péché*. On reconnait ici l'influence du christianisme sur les législations du Moyen-Age et de la période qui a suivi, tendant à confondre l'ordre moral et l'ordre social et à faire un délit de tout manquement aux lois divines. Le droit canon lui aussi va venir pénétrer notre matière et y apporter ses distinctions : c'est ainsi que le rapt d'une religieuse sera puni plus sévèrement que le rapt d'une personne non engagée dans les ordres. (1)

Si le christianisme a influé sur les législations anciennes et a fait prononcer des peines fort sévères contre tous les attentats aux mœurs, il faut remarquer que les différents peuples les ont

(1) Jousse. — Justice criminelle.

aussi punis d'une façon plus ou moins dure selon leur tempérament. Si la morale change, comme le dit Pascal, avec les degrés de latitude, la loi, qui en est toujours le reflet, se ressent aussi nécessairement du climat sous lequel elle est appliquée. Aussi voyons-nous les lois de l'ancienne Allemagne ou de l'Angleterre édicter des peines extrêmement graves contre les délits qui nous occupent ; les différents Etats italiens et l'ancienne France, tout en établissant une répression fort sévère et qui nous étonne aujourd'hui, se montrent cependant beaucoup plus indulgents. Il faut également remarquer qu'il en est encore de même de nos jours et que les Codes d'origine germanique punissent à l'heure actuelle d'une façon plus grave en général que les Codes d'origine française.

Notre Code pénal français punit au contraire non l'acte répréhensible en lui-même au point de vue de la morale, mais l'atteinte portée à l'ordre social. Ainsi a-t-il laissé à l'individu la libre disposition de sa personne, ne punissant plus comme autrefois la simple prostitution. Dans le même ordre d'idées, il ne fait plus mention de crimes sévèrement réprimés encore à la veille de la Révolution comme l'*inversion de l'instinct sexuel*, la *sodomie*, la *pédérastie*, le *tribadisme* ou encore la *bestialité*. Toutes les lois modernes n'ont pas compris cette nouvelle distinction, puisque nous voyons certaines législations en vigueur aujourd'hui, punir de peines même assez graves des actes que notre Code pénal a complètement laissés de côté. Les lois de certains Cantons suisses font de la prostitution un délit; le Code pénal autrichien (art. 127), considère comme des crimes la *bestialité* et la *sodomie ;* les lois allemandes frappent les mêmes faits comme des délits; enfin la loi anglaise dans un bill de 1885, dont l'application a été faite récemment dans le procès célèbre d'un homme de lettres anglais, condamne au *hard labour* ceux qui se rendent coupables d'outrages à la pudeur commis « *inter viros* » (1).

Nos lois pénales n'admettent donc plus que les délits contre la famille et les attentats aux mœurs; mais parmi ceux-ci faut-il faire encore, comme nous l'avons déjà dit, une grande distinction entre ceux qui constituent un *attentat* et ceux qui constituent un simple *outrage*. Les premiers comprennent : le *viol*, l'*attentat à la pudeur*, l'*excitation de mineurs à la débauche ;* les autres, l'*outrage public à la pudeur*. Ce qui les différencie, c'est que dans les premiers, il y a toujours une sorte de violence, de contrainte qui attaquera directement la personnalité de la victime du délit, tandis que dans l'outrage public à la pudeur il n'y aura ni contrainte, ni violence, mais simplement une atteinte à la décence publique; ce qui est protégé dans la répression de l'attentat, c'est pour ainsi dire la pudeur d'une personne en particulier; dans celle de l'outrage, la pudeur de tous.

On peut critiquer cette distinction en disant que

(1) Garraud. — Traité théorique et pratique de Droit français, Tome IV, p. 438 et 439.

dans l'attentat à la pudeur et dans l'excitation de mineurs à la débauche, il n'y a pas la « contrainte » dont nous parlions plus haut, puisque d'une part l'attentat à la pudeur peut être commis sans violence et que dans l'excitation de mineurs à la débauche, ceux-ci sont le plus souvent consentants. Quand on examine de près la question, on voit cependant qu'il n'en est rien ; l'attentat à la pudeur, commis même sans violence, suppose toujours que la victime n'est pas consentante, car la loi estime qu'au dessous d'un certain âge un consentement ne peut être valablement donné ; il y a alors non plus une contrainte physique, mais une véritable contrainte morale, l'ascendant d'un être plus âgé sur un autre plus jeune, l'impossibilité de résister chez l'enfant, la crainte de se défendre ou d'appeler au secours. Il en est de même pour l'excitation de mineurs à la débauche ; c'est encore parce que la loi estime qu'au dessous d'un certain âge l'individu ne peut pas se défendre contre certaines suggestions qu'elle fait du proxénète un coupable.

L'outrage public à la pudeur, comme nous aurons plus tard à l'expliquer longuement, ne comporte aucun attentat soit physique, soit moral sur la personnalité d'un individu particulier ; il ne tend pas à souiller sa personne ; c'est un acte qui blesse la pudeur de tous et celle de chacun ; il peut même résulter, aux termes d'une jurisprudence, il est vrai essentiellement critiquable, d'une simple imprudence.

Dans tous les cas, pour que l'outrage soit punissable, il doit être public; l'attentat, quelque caché qu'il soit, sera toujours répréhensible.

Première Partie

CHAPITRE PREMIER

Considérations historiques et philosophiques

Comme nous l'avons dit dans le chapitre précédent, l'outrage public à la pudeur est une création de nos lois pénales modernes. Si l'on parcourt les auteurs anciens, on n'y trouvera nulle part exposée la théorie de ce délit. Nous ne voulons pas parler seulement du Droit de l'Europe féodale ou du temps qui a précédé la Révolution française, si nous remontons jusque chez les peuples de l'Antiquité, nous ne trouverons rien de semblable au délit qui nous occupe.

Le peu que nous connaissions du Droit hindou et des Droits des anciens empires de l'Asie nous montre que cette infraction n'a pas dû être réprimée ; dans l'Inde encore actuellement l'injure commune dans le peuple est de montrer une partie de ses nudités à ceux dont on veut se moquer et il a fallu que l'on rendit applicable à tous, dans nos possessions de l'Inde, l'article 330 du Code pénal pour essayer de réprimer cet abus. Il n'est pas d'audience où les juges n'aient à appliquer un grand nombre de fois cet article, qui surprend toujours les indigènes.

Nous ne connaissons pour ainsi dire rien du Droit pénal de la Chaldée, de l'Assyrie et de Babylone, mais il est probable que, comme leurs voisins de l'Est, les Indiens, ou du Sud-Ouest, les Egyptiens, les peuples régis par ces lois ne connaissaient pas ce délit. En Egypte, le rapt, le viol, l'adultère étaient punis par la loi (1), mais nulle part dans les riches collections des papyrus juridiques du Louvre, de Turin, du Bristish Museum ou du Musée de Berlin ne se trouve un acte se rapportant à la répression de notre infraction.

Chez les Hébreux, c'est aussi l'attentat aux mœurs venant troubler l'ordre dans la famille qui est puni; il semble cependant que toute impudicité, que toute débauche publique ou privée soit réprimée : le Décalogue défend toute impureté hors mariage; il va même plus loin, il considère comme une faute et par conséquent comme un délit dans une Société théogonique, la simple convoitise de l'œuvre de chair avec la femme d'un autre. Mais les faits réprouvés et punis si sévèrement par les lois de Moïse (2), ne

(1) Paturel (G.). — Condition juridique de la femme dans l'ancienne Egypte, p. 15.

(2) Genèse, ch. XVIII et XIX. — Exode, ch. XX; 14 et 17. — Lévitique, ch. XVIII, de 6 à la fin. — Deutéronome, ch. XXII, de 20 à 30.

sont pas les mêmes que ceux qui constituent chez nous l'outrage public à la pudeur ; ce n'est pas la décence publique qu'on veut protéger, c'est la famille ; c'est aussi la transgression de la loi divine qu'on réprime, puisque dans les attentats aux mœurs, la Bible comprend l'*onanisme*.

Chez les Grecs, dont nous possédons non seulement des actes juridiques, mais encore de longues histoires sur les mœurs et les coutumes, il est certain que l'on n'envisageait pas ce que nous appelons aujourd'hui l'outrage à la pudeur comme un délit. Cela tient à ce que les Anciens n'avaient pas de la pudeur la même idée que les peuples modernes ; Hérodote [1] nous dit : « Chez quelques peuples barbares, c'est un opprobre que de paraître nus. » Nous savons que dans tous les jeux de la Grèce, les athlètes avaient l'habitude de se montrer sans vêtements ; et cependant les femmes et les jeunes filles assistaient à ces jeux ; bien plus, la religion païenne fêtaient à certains jours ce qui aujourd'hui serait considéré comme l'outrage le plus grave aux bonnes mœurs et à la pudeur ; les Mystères d'Eleusis n'étaient autre que la glorification de la débauche.

Chez les Romains, qui avaient adopté le culte des dieux de la Grèce, il en est de même. Il est probable qu'aux premiers temps de Rome et dans la première période de la République, alors que les mœurs ne s'étaient pas encore dépravées, le Romain

(1) Hérodote, Histoire, I, ch. X.

fut plus sévère que sous l'Empire, mais l'outrage à la pudeur ne devait pas être cependant un délit spécial ayant ses règles et ses peines. Ce qui est certain, c'est que l'on réprimait moins l'outrage à la pudeur, tel que nous le considérons aujourd'hui, que l'attentat aux mœurs, que l'outrage fait à une personne déterminée. Le Romain non plus ne craignait pas à certains jours de se montrer sans vêtements ; sous les empereurs païens, la vertu, comme nous dirions maintenant, est outragée à chaque instant : dans les jeux du cirque où le gladiateur combat nu, dans les rues où s'étalent à la porte des maisons mal famées des enseignes par trop compréhensibles (1), dans les processions religieuses elles-mêmes où le signe de la virilité est portée en triomphe. Les auteurs de la fin de la République ou du commencement de l'Empire nous montrent même combien la législation était indulgente non seulement pour les impudicités, mais encore pour des crimes contre nature publiquement commis (2).

Les mœurs du christianisme d'abord réagirent contre ces tendances ; les empereurs chrétiens essayèrent ensuite de les combattre par de nouvelles lois, mais c'est toujours, dans ces législations, l'idée religieuse qui parait prédominer (3).

(1) Dans les nouvelles fouilles faites à Pompéi, on a trouvé plusieurs maisons publiques à la porte desquelles se trouvent des peintures plus qu'obscènes et qui étaient exposées aux regards de tous.

(2) Cicéron. — Epistol. 1, 8, 12 et 14. — Suétone, *in Domitiano*, cap. 8.

(3) C. Ad leg. Jul. de adult — C. L. Raptoribus.— N.117 De his qui luxuriantur contra naturam.

Dans tous ces monuments juridiques, nous apercevons ce que nous avons déjà constaté dans les lois de notre ancien droit : si l'outrage à la pudeur est puni, si l'indécence est frappée, c'est qu'il y a là un *péché ;* c'est que celui qui les commet transgresse la loi divine ; c'est le mélange du spirituel et du temporel. Au Moyen-Age et dans le Droit antérieur à la Révolution, l'outrage à la pudeur n'est pas puni comme tel ; là encore, on a de la pudeur une autre idée que nous. La nudité semble effrayer bien moins nos ancêtres que notre société moderne : c'est une chose devenue presque banale dans les plaidoiries des avocats, chargés de défendre ceux que la justice poursuit pour outrage aux bonnes mœurs par la voie du dessin ou de la gravure, que de faire passer sous les yeux des juges des photographies représentant les sculptures de nos vieilles cathédrales où l'on voit la luxure s'étaler au frontispice des portails, au haut des piliers de tous les temples consacrés à la prière. Et il ne semble pas que nos ancêtres se soient émus de ces représentations par trop naturalistes.

Le Droit, tel qu'il était à la veille de la Révolution, tel que nous le représentent les deux grands criminalistes de la fin de l'ancien droit, Jousse et Muyart de Vouglans, ne comprend pas l'outrage public à la pudeur avec sa forme actuelle, avec ses caractères modernes. Il est vrai que la prostitution est sévèrement réprimée, parquée dans certains coins des villes, que l'outrage aux mœurs peut donc plus difficilement s'étaler qu'aujourd'hui, que d'un autre côté les ordonnances de police, comme nous dirions de nos jours, plus sévères, plus extensives, peuvent réprimer l'impudité; mais ce qui est vrai, ce qui est certain, c'est que juridiquement l'outrage public à la pudeur n'existe pas.

Toutefois, dès le siècle dernier, les criminalistes et les publiscistes ne se faisaient pas faute de critiquer cette façon de comprendre la répression des outrages aux mœurs tella qu'elle était pratiquée, grâce à la confusion entre l'idée pénale et l'idée religieuse. Beccaria demandait que les peines fussent mitigées et réduites à de justes proportions. Quant à Montesquieu, il semble être seul à avoir compris le véritable caractère du délit d'outrage public à la pudeur quand il dit qu'il est « bien moins fondé sur la méchanceté que sur l'oubli ou le mépris de soi-même » (1), et encore omettait-il un des caractères principaux, *la publicité,* c'est-à-dire l'atteinte portée à la Société. C'est sous l'empire des idées de ces philosophes que les législateurs de notre Révolution réformeront complètement le Droit pénal sur ce sujet.

C'est en effet seulement dans le Droit intermédiaire que nous voyons apparaître notre délit avec ses caractères et encore la Loi du 19-22 Juillet 1791 ne punissait-elle que *l'outrage public à la pudeur des femmes.* C'est notre article 330 qui fait apparaître le

(1) Montesquieu. — Esprit des Lois, Livre XII. ch. 4.

délit dont nous allons avoir à nous occuper plus longuement avec son aspect actuel.

Comment donc s'expliquer que notre Société, au lendemain de la Révolution, alors que les mœurs ne paraissent pas être devenues plus pures, punisse plus sévèrement, réprime plus durement l'indécence? C'est un problème curieux que l'étude de ce délit dans notre siècle, réprimé d'abord au maximum d'un an de prison par l'article 330, puis de deux ans par la Loi du 13 mai 1863, et faisant depuis à chaque instant l'objet des préoccupations du législateur, alors qu'il s'agit de punir l'indécence commise par le livre, l'écrit périodique, l'affiche ou la gravure.

Il semble qu'à mesure que la morale va s'amoindrissant, que les mœurs se dissolvent davantage, l'idée de pudeur se développe et qu'on éprouve le besoin de réprimer plus sérieusement les excès d'impudicité. Là où le Grec, le Romain et les peuples de l'ancienne Europe ne voyaient rien de répréhensible, nous trouvons aujourd'hui au contraire un excès que nous éprouvons le besoin de combattre et dont nous faisons un délit.

Il semble qu'à mesure que les nerfs s'affinent et que notre Société paraît périr sous le nervosisme, le concept de pudeur s'avive. La jurisprudence que nous allons avoir à étudier en offre de nombreux exemples ; pour certains juges, la moindre imprudence va constituer un délit grave et le législateur de 1885 rangera dans les infractions qui comptent pour la peine de la relégation, l'outrage public à la pudeur. Ne sommes-nous pas en face de la lutte de la Société contre un mal dont elle sent qu'elle peut périr et qu'elle est impuissante à arrêter? Nos sévérités à cet égard ne sont-elles pas semblables à celles des lois caducaires à Rome au point de vue de la dépopulation? Nous ne voudrions cependant pas méconnaître les efforts de ceux qui tentent de rétablir chez nous les lois d'une plus saine morale; mais beaucoup de philosophes se demandent aujourd'hui s'il n'est pas trop tard et si c'est avec des pénalités qu'on peut arrêter le courant des mœurs d'une société. Quelques-uns prétendent au contraire que nous voulons avoir une morale toute de façade qui cache sous une vertu extérieure des mœurs plus dissolues que celles des contemporains de notre bon auteur Rabelais.

Quoiqu'il en soit, nous devons constater que l'outrage public à la pudeur a pris aujourd'hui, et à juste raison, soit dans notre législation, soit dans notre jurisprudence une place des plus importantes. C'est un délit des plus graves. Etudions-le donc dans ses éléments et dans ses applications.

CHAPITRE II

Caractères généraux de l'outrage public à la pudeur.

L'article 330 du Code pénal qui traite de l'outrage public à la pudeur n'en donne aucune définition. La plupart des auteurs qui ont écrit sur cette matière ne définissent pas davantage d'une manière précise le délit qui nous occupe. Est-ce à dire qu'on ne puisse en donner aucune définition? Nous ne le croyons pas. On pourrait définir ce délit *l'atteinte à la décence publique;* mais d'une part cette définition ne serait guère plus complète que le mot dont se sert notre loi pénale et d'un autre côté, elle embrasserait les délits spéciaux qui ne sont pas punis par l'article précité; elle serait donc à la fois incomplète et trop extensive; elle s'appliquerait plutôt aux textes du droit intermédiaire, de loi du 19-22 juillet 1791. L'art. 8 du titre II de cette loi punissait en effet « *ceux qui seraient prévenus d'avoir publiquement attenté aux mœurs par outrages à la pudeur des femmes, par actions déshonnêtes, par expositions ou vente d'images obscènes* » ; mais il faut remarquer que ce texte ne réprimait que l'outrage fait à la pudeur des femmes; notre définition ne lui conviendrait donc pleinement qu'en y ajoutant ces mots « des femmes ». Il est vrai qu'on peut comprendre qu'une législation embrasse dans un même délit tous les actes attentatoires à la pudeur, qu'ils soient commis directement, ou bien par la parole, ou bien par la voie de la presse, mais tel n'est pas notre droit actuel qui distingue formellement entre l'outrage public à la pudeur réprimé par l'article 330 et ce qu'on appelle l'*outrage aux bonnes mœurs* commis au moyen de la parole, du livre, de l'affiche ou de l'image. Aussi la définition que nous proposions plus haut n'est-elle pas, comme nous venons de l'expliquer, absolument exacte. Si donc on peut donner une définition, il vaut cependant mieux faire comme le législateur de 1810 et nos auteurs criminels ne pas chercher à en donner une. C'est qu'en effet il est difficile, pour ne pas dire impossible, de donner de l'outrage public à la pudeur une représentation absolument adéquate : il semble presque impossible de grouper dans une phrase le résumé de tous les actes impudiques, la définition de toutes les licences que le juge peut avoir à apprécier. C'est ce que M. Monseignat faisait remarquer dans son rapport au Corps législatif quand il disait : « Il est au moins superflu de signaler ces « délits (les outrages à la pudeur) en détail. N'est-il « pas d'ailleurs facile de reconnaître les familiarités « que la civilisation excuse, les discours que la galan- « terie tolère, les libertés que la mode autorise, de ne

« pas les confondre avec les expressions grossières, « les attitudes éhontées et l'étalage de la corruption, « l'absence ou la licence des vêtements, l'oubli des « principes et du but de la Nature et tous les outra- « ges à la pudeur et à l'honnêteté publique? » — Nous aurons plus tard à critiquer cette formule qui semble tracer les règles de l'outrage à la pudeur et qui, elle aussi, est trop extensive, comme le font justement remarquer MM. Chauveau et F. Hélie (1). Mais nous pouvons dès maintenant faire remarquer combien étaient justes les considérations de notre précédent chapitre au point de vue de l'influence des mœurs sur le caractère de notre délit. Monseignat lui-même parle « *des libertés que la mode autorise* » et nous aurons l'occasion de voir dans l'étude de la jurisprudence que des faits qui ont pu être considérés à un moment comme constitutifs d'outrage à la pudeur ne l'ont point été plus tard et que souvent les Tribunaux ont condamné des faits qu'ils avaient absous quelques années auparavant. Les juges se sont montrés parfois sévères pour l'exhibition de certaines nudités alors qu'ils laissent passer sur nos scènes publiques des déshabillés que tous s'accordent à considérer comme outrageants pour la morale publique.

C'est dans ces conditions, au juge, qu'il appartient de savoir où commence et où finit l'acte impudique; c'est dans sa conscience et dans son juge-

(1) Chauveau et Hélie. Théorie du Code pénal, tome IV, p. 208.

ment qu'il doit faire la distinction entre la liberté permise et la licence interdite. Les Tribunaux ont donc dans notre législation actuelle un pouvoir souverain d'appréciation.

Notre législation de la période intermédiaire n'avait du reste, pas plus que la nôtre, donné la définition de l'outrage public à la pudeur ; elle s'en était rapportée, comme l'a fait celle qui l'a suivie, à l'appréciation des juges du fait. Mais deux grands points la différencient du délit tel que nous le comprenons actuellement : et tout d'abord, si l'outrage à la pudeur est puni, il faut qu'il soit fait à la pudeur *d'une femme;* tout acte indécent qui ne sera commis que devant des hommes ne tombera pas sous l'application de la loi. La jurisprudence de cette époque en a fait plusieurs fois l'application : (Cassation arrêt du 30 Nivôse an XI) (1). En second lieu la loi de 1791 rangeait parmi les outrages à la pudeur, alors qu'ils s'adressaient à des femmes, les indécences commises indirectement, c'est-à-dire par la parole ou par la plume. Nous allons voir qu'il n'en est plus de même aujourd'hui en étudiant les caractères essentiels de notre article 330.

(1) Journal du Palais, t. III. p. 116.

CHAPITRE III

De l'acte impudique

Les caractères du délit d'outrage public à la pudeur sont au nombre de deux ; pour que ce délit existe il faut qu'on rencontre en lui deux éléments bien distincts : 1° *un fait matériel contraire à la pudeur ;* 2° *une publicité.*

Tout d'abord, un *fait matériel.*

Le délit de l'art. 330 de notre Code pénal ne peut résulter que d'un acte, d'un fait matériel, d'une attitude, d'un geste, en un mot d'une chose tangible outrageant la bienséance. Lorsque celle-ci aura été blessée soit par la parole, soit par la voie de la presse, c'est-à-dire par le livre, l'image ou l'affiche, il n'y aura plus lieu à l'application de notre article, mais bien à celle d'une législation spéciale, la législation sur la presse. Dans les délits d'outrages aux bonnes mœurs commis par la voie de la parole peuvent rentrer les expréssions grossières, mais elles ne constitueront pas toujours ce délit spécial : elles seront tantôt de simples injures, tantôt des outrages aux mœurs suivant qu'elles auront été proférées dans le but d'outrager une personne ou de manquer à la bienséance. Lors de la rédaction du Code pénal, ces outrages aux bonnes mœurs ne bénéficiaient pas d'une législation spéciale et si les rédacteurs du Code de 1810 avaient déjà fait la distinction entre l'outrage aux bonnes mœurs et l'outrage public à la pudeur, c'était cependant le Code pénal qui punissait ce premier délit. L'art. 287 frappait d'un emprisonnement d'un mois à un an et d'une amende de seize à cinq cents francs « toute exposition, distribution de chansons, pamphlets, figures ou images contraires aux bonnes mœurs » ; mais, comme on peut le remarquer, cet article ne comprenait pas tous les délits d'outrages à la morale publique par la voie de la parole et par celle de la presse. C'est la loi du 17 mai 1819 qui, la première, vint réprimer ce délit tel que nous le comprenons aujourd'hui. Depuis, les différentes lois sur la presse qui se sont succédées ont reproduit, à peu de chose près, les dispositions de la loi de 1819, mais en changeant la juridiction qui doit en connaître. La loi du 29 juillet 1881 traite de cette question dans ses articles 28 § 2 et 45 ; la loi du 2 août 1882 est venue déroger à la précédente pour accentuer et aggraver certaines classes de délits trop nombreux à cette époque.

Est-il rationnel d'avoir ainsi séparé de l'outrage public à la pudeur l'outrage aux bonnes mœurs? Si l'on peut comprendre que le législateur ait voulu en faire deux délits spéciaux, si l'on peut penser qu'une bonne classification pénale rende nécessaire la distinction de ces deux infractions, on peut au moins se demander s'il est opportun de donner une législation différente et le plus souvent des juridictions spéciales aux outrages aux bonnes mœurs commis par la voie de la parole et de la presse. Le législateur semble bien moins avoir obéi au besoin de faire une distinction scientifique qu'avoir cédé à cette idée que tout ce qui est du domaine de la parole et de l'écriture doit jouir d'une liberté presque sans bornes. Tout le monde s'accorde sur ce point que trop souvent aujourd'hui les productions de l'esprit s'adressent pour arriver au succès à nos plus mauvais instincts : le livre, le théâtre prennent trop souvent le scandale comme moyen de réussite et il semble qu'ils sont protégés par une législation qui a cherché à entraver la répression par toutes sortes de moyens (1). Nous savons bien que cette thèse n'est plus aujourd'hui généralement soutenue, qu'outre cette idée de liberté à outrance de la presse, il en est une autre dont on se sert pour combattre notre opinion. Les magistrats, dit-on, ne sauraient être bons juges en ces matières; peuvent-ils saisir où s'arrête l'art et où commence la licence? Si entre la liberté et la licence, la limite est difficile à définir, elle est souvent plus difficile à reconnaître entre l'art et l'impudicité. Ce raisonnement ne résiste pas à

(1) Il est vrai que pour le théâtre, la censure peut remédier à l'inconvénient que nous signalons en interdisant la pièce ou du moins certains passages ; mais combien n'a-t-on pas vu de fois dans ces années dernières des théâtres dits privés où s'exhibèrent les choses les plus scandaleuses!

l'examen : en effet on laisse aux juges la plus entière liberté en ce qui concerne l'appréciation des faits constitutifs de l'outrage public à la pudeur, et on leur dénierait le droit de dire qu'un livre est sorti des limites de la bienséance et qu'il peut devenir un danger pour la morale publique ! Et puis on enlève aux magistrats la connaissance de cette question pour la donner à des juges choisis, le plus souvent au hasard et tirés au sort. Ce n'est pas devant un jury d'artistes, mais devant le jury ordinaire que sont portés ces problèmes délicats. Un autre inconvénient se fait sentir à donner à la Cour d'assises la connaissance de ces procès : le jury est, il faut bien le dire, simpliste ; il généralise, il ne connaît pas les subitilités de notre droit, les ambiguïtés de la procédure, et quand on l'a réuni pour juger des assassins, des faussaires ou des voleurs de grands chemins, il comprend mal qu'on le consulte le lendemain sur un malheureux auteur qui se sera permis d'être trop grivois. Notre théorie est si vraie qu'après la loi de 1881, il s'est produit un tel débordement d'impudicité qu'on a dû enlever à la Cour d'assises pour la rendre aux Tribunaux correctionnels la connaissance de l'outrage aux bonnes mœurs rendu public par la voie de l'affiche ou de la gravure exposée aux yeux de tous.

C'est donc un *acte matériel* qui constitue actuellement l'outrage dans notre délit.

De plus, cet acte ne doit pas être une attaque contre une personne déterminée ; ce serait alors un *attentat*, bien différent de l'outrage. Le fait constitutif de l'outrage public à la pudeur, l'acte matériel est une offense à la pudeur générale, à celle de tous. Il doit pouvoir offenser les sentiments du premier venu et ne pas s'adresser plus particulièrement à la pudeur d'une personne qu'à celle d'une autre.

Nous venons de dire que c'est un « acte » ; mais il faut qu'il soit *volontaire*, qu'il émane chez l'agent qui le commet d'un sentiment instinctif ou raisonné, qu'il ne soit pas un pur effet du hasard. Nous ne voulons pas dire par là qu'il faut une volonté arrêtée de commettre un outrage à la pudeur, nous ne traitons pas en ce moment la question d' « intention » nous aurons à y revenir longuement plus loin ; nous voulons simplement dire qu'un acte qui serait un pur effet du hasard ne pourrait constituer un outrage à la pudeur : une personne tombe par exemple et met ses vêtements dans un état tel qu'elle découvre nécessairement une partie de ses nudités ; il n'y aura pas d'outrage à la pudeur.

Quels sont les actes, les faits matériels qui constituent notre délit ? On ne saurait, bien entendu les énumérer tous : ce sont d'abord les rapports sexuels qui auraient lieu, soit en public, soit dans un lieu public, soit enfin dans un endroit insuffisamment caché aux regards de tous. Et il faut faire ici une application du principe dont nous parlions tout-à-l'heure : c'est que le fait impudique est celui qui offense d'une manière intrinsèque la pudeur de tous ; peu importe que cet acte soit en lui-même légitime.

C'est ainsi que les rapports sexuels qui sont le but même et l'objet du mariage constituent un outrage public à la pudeur quand ils sont perpétrés en public, quand les époux n'auront pas pris les précautions suffisantes pour se cacher aux regards de tous.

La forme sous laquelle notre délit se présente le plus souvent est celle qui consiste à offenser la pudeur en découvrant ses nudités. C'est ainsi que plusieurs décisions ont puni ceux qui ne se cachaient nullement pour satisfaire un besoin naturel, ceux qui par hasard ou encore en manière d'injure montraient leurs nudités à une personne. Enfin on se souvient de la poursuite et de la condamnation qui fit tant de bruit il y a quelques années à propos d'un bal donné par les élèves de l'Ecole des Beaux-Arts : ceux-ci avaient cru pouvoir introduire dans un défilé des personnes absolument nues, prétendant que leur réunion n'était pour ainsi dire qu'un agrandissement de leurs ateliers où les modèles posent sans vêtements. La jurisprudence n'a pas admis cette théorie, et à juste raison. Un bal, quelque sélection qui soit faite dans les invitations, ne saurait constituer une réunion privée n'ayant aucun caractère de publicité. Enfin il s'agit moins ici de publicité que d'actes attentatoires aux mœurs des spectateurs et on ne saurait soutenir que l'exhibition de femmes nues ne soit pas un acte rentrant dans la catégorie de ceux punis par l'art. 330 du Code pénal.

Mais que dire alors du modèle qui pose nu dans un atelier? N'y a-t-il pas là de sa part un acte répréhensible? Assurément non. Et c'est là qu'on rencontre la différence entre l'acte outrageant la pudeur d'une personne et l'acte qui n'a pour but que l'exécution d'une œuvre d'art. C'est qu'il y a là une question d'appréciation spéciale de la pudeur : on admet de nos jours, et nos mœurs ne se blessent nullement de cette interprétation, qu'une personne peut se montrer sans vêtements dans l'atelier d'artistes réunissant plusieurs personnes, sans qu'il y ait là d'atteinte à la pudeur. Question d'époque, nous dirions presque question de mode! Et cela démontre la justesse de l'observation que nous faisions dans nos principes sur la matière, à savoir que la pudeur varie avec les temps et les latitudes, car on ne saurait nier que c'est un acte essentiellement impudique que de se montrer nu devant plusieurs personnes.

Un simple geste peut quelquefois être suffisamment impudique pour constituer un outrage à la pudeur. C'est aux juges à apprécier le degré d'immoralité du geste. Mais il ne faudrait pas aller trop loin en cette matière : il faudra qu'il soit bien démontré que le geste a un caractère d'impudicité absolue, n'a pas été une simple plaisanterie pour le faire rentrer dans le cadre de l'art. 330.

A propos du geste, une question a été soulevée par les auteurs ; c'est celle de savoir si le fait par une fille ou une femme publique d'accoster et d'essayer d'entraîner un passant peut constituer un outrage à la pudeur. M. Delapalme soutient que ce fait entraîne l'application de l'art. 330 du Code pénal (1). Il commence par rappeler qu'une ordonnance du 6 novembre 1778 défendait « à toutes femmes et « filles de débauche de raccrocher dans les rues, sur « les quais, places et promenades publiques et sur « les boulevards de cette ville de Paris, même par « les fenêtres sous peine d'être rasées et enfermées « à l'hôpital, même en cas de récidive de punitions « corporelles conformément aux dites ordonnances, « arrêts et règlements. » Puis, il déclare que les faits prévus par cette ordonnance sont bien attentatoires à la pudeur et doivent être punis comme tels. Tous les auteurs combattent cette manière de voir : l'ordonnance de 1778 n'est certainement plus applicable, toute l'ancienne législation sur la prostitution a été tacitement abrogée par la Révolution, elle est tombée en désuétude; c'est ce que le rapport présenté au Conseil des Cinq-Cents le 17 Nivôse an IV déclare formellement. Du reste, si on lit attentivement l'ordonnance précitée, on verra qu'elle n'était en réalité qu'un règlement de police s'appliquant à la seule ville de Paris. On ne peut pas dire que le fait par une femme ou une fille publique de raccrocher les passants soit un geste impudique, on ne peut pas dire davantage que cet acte soit un fait portant atteinte à la pudeur de tous. La Cour de cas-

(1) Encyclopédie du Droit. V° Attentats aux mœurs n°s 12 et suiv.

sation ayant proclamé qu'est seul punissable d'après l'art. 330 l'outrage aux mœurs commis par action, par geste attentatoire à la pudeur, on ne saurait poursuivre sous cette prévention une femme publique faisant son triste métier de solliciteuse. Mais il y a encore ici une question de fait à apprécier, car la prostituée peut ne pas se contenter d'un simple appel, d'une simple invitation, elle peut y joindre des gestes immoraux, des attouchements, pensant ainsi exciter la lubricité de ceux auxquels elle s'adresse. Nous n'hésitons pas alors à voir dans ces faits un outrage à la pudeur, mais ce qui sera punissable, ce ne sera pas le fait lui-même de ce qu'on appelle en termes de police le « racolage », mais les moyens dont on s'est servi pour le commettre. Mais la fille publique peut essayer d'entraîner sa victime. Y aura-t-il dans ce cas outrage public à la pudeur ? MM. Chauveau et Hélie [1] soutiennent l'affirmative, nous ne saurions nous ranger à leur opinion. Nous ne voyons pas ce que le fait d'essayer d'entraîner une personne peut avoir de commun avec l'outrage à la pudeur. Si l'on admet, comme nous l'avons fait et comme les savants auteurs eux-mêmes le déclarent, que le fait d'inviter un passant à des actes contraires à la morale ne constitue pas l'outrage public à la pudeur, nous ne voyons pas comment « entraîner ou essayer d'entraîner une personne » constituerait davantage le délit. En effet, où

(1) Chauveau et Hélie. Théorie du Droit pénal, tome IV, p. 222.

la fille publique se sera servie pour entraîner le passant de gestes indécents et alors sera punissable aux termes de l'art. 330, mais seulement pour ces gestes, ou elle se sera contentée de paroles provocantes et alors celles-ci rentreront dans la catégorie des délits réprimés par la loi de 1881. Si la fille publique s'est contentée d'essayer d'entraîner sa victime sans gestes indécents, sans paroles immorales, il n'y aura pour nous aucun délit.

Quelquefois l'acte matériel qui pourrait constituer un attentat à la pudeur peut, sous certaines conditions de publicité être considéré comme un simple outrage : c'est, par exemple, lorsqu'il est trop peu grave pour être un véritable attentat. C'est ainsi que la Cour de Cassation a jugé que l'acte lubrique commis même contre la volonté de la victime constitue un simple outrage à la pudeur s'il n'a pas la gravité d'un attentat (1) Il s'agissait en l'espèce de personnnes égarées sur un chemin public, attaquées par un individu, qui n'avait toutefois pratiqué sur elles que de légers attouchements. Dans un jugement du 1er Juin 1896, le Tribunal de Lyon a fait l'application de ce principe.

Dans le même ordre d'idées, une infraction considérée comme attentat à la pudeur peut devenir un simple outrage et être poursuivie comme telle, même après que la Cour d'Assises aura acquitté son auteur. La Cour de Cassation l'a jugé ainsi le 23 février 1855.

(1) Cassation, 1er décembre 1848, S. 49. 1. 543.

Le nommé Jacques Fromentin accusé de tentative de viol sur un chemin public fut acquitté par le jury. Le ministère public le poursuivit alors pour outrage public à la pudeur devant le Tribunal correctionnel. Celui-ci l'acquitta de nouveau déclarant qu'il fallait lui faire l'application de la maxime : « *Non bis in idem* ». La Cour de Cassation brisa cette décision disant que « la nou« velle poursuite, quoiqu'elle fût fondée sur le même « fait ne reposait pas sur les mêmes éléments maté« riels ; que d'une part en effet, les faits d'attentats « et de violence sont un élément nécessaire des cri« mes de viol et d'attentats à la pudeur et que « d'autre part la publicité, qui est un élément néces« saire de l'outrage à la pudeur, est une circons« tance étrangère à la qualification des deux crimes ; « qu'il suit de là que la déclaration négative du jury « n'a point statué sur le fait au point de vue du « délit d'outrage public à la pudeur. » La Cour d'Angers devant laquelle l'affaire avait été renvoyée statua cependant comme les premiers juges. La Cour suprême, toutes chambres réunies, maintient la jurisprudence de sa Chambre criminelle (1). Toutefois, cette pratique qui consiste à renvoyer devant la juridiction correctionnelle un fait déjà apprécié par le jury ne nous paraît pas des meilleures. Aussi vaut-il mieux, comme l'habitude s'en

(1) Cassation, 3 nov. 1855. Dans le même sens : Cass. 10 janvier 1857, 19 juillet 1863, 19 décembre 1867. Chauveau et Hélie, Inst. crim., II, nos 1012 et suiv.

est introduite, faire juger le délit correctionnel par le jury lui-même qui a plénitude de juridiction, en posant la question subsidiaire d'outrage public à la pudeur.

Il n'y a pas à considérer le sexe des personnes quand il s'agit de l'application de l'article 330 ; l'outrage public à la pudeur peut être commis par un homme aussi bien que par une femme. Peu importe aussi le sexe des personnes qui aurait été témoins de l'acte qui outrage la pudeur. Le Droit intermédiaire en disposait autrement et nous avons vu que sous l'empire de la loi de 1791 était seul puni l'outrage qui s'adressait à la pudeur *des femmes*, nous avons même remarqué que dans de telles conditions le délit changeait totalement de caractère. Une grave question devait en effet se poser, c'était celle de savoir si une femme pouvait outrager la pudeur d'une autre femme. Dans notre législation actuelle, rien de semblable, puisque le fait qui motive l'application de l'article 330 est celui qui outrage la pudeur en général. Il nous semble cependant qu'il ne faut pas pousser trop loin les conséquences de ce principe : il ne faudrait pas croire en effet qu'il existât une *pudeur* prise *in abstracto*, à laquelle certains actes font offense ; la pudeur peut varier avec les personnes : tel ne sera pas blessé dans ses sentiments intimes alors qu'un autre sera scandalisé par la vue d'une même action. Le sexe servira quelquefois dans ces conditions à déterminer s'il y a ou non outrage à la pudeur du témoin de l'acte coupable.

Des actions, des gestes qui, commis devant certaines personnes, n'entraîneront pas l'application de l'article 330, l'entraîneront au contraire si ces mêmes actes ont été accomplis en présence d'autres personnes : ainsi les gestes indécents que se permettent les soldats dans une chambrée sont appréciés d'une toute autre façon au point de vue de l'application de notre article que s'ils étaient commis devant des femmes. Ce sera donc au juge du fait, suivant nous, à déclarer s'il y a eu ou non outrage, à apprécier la pudeur des témoins de l'acte et à se demander si elle a pu être blessée.

Dans l'état actuel de notre droit, il importe peu aussi que l'acte ait été commis avec ou sans le consentement des témoins. C'est ainsi que des actes lubriques commis en présence de personnes qui prendraient un véritable plaisir à les regarder, qui les auraient même provoqués n'en seraient pas moins punissables, dans la jurisprudence actuelle. Cependant d'après la théorie que nous exposions plus haut ces actes n'entraîneraient certainement aucune répression. Nous admettons en effet qu'il n'y a pas de pudeur absolument générale, que le juge pour apprécier s'il y a eu ou non outrage, doit envisager la moralité, la pudeur, le degré de vertu, si l'on nous passe cette expression, de celui ou de ceux qui ont été ou auraient pu être les témoins de l'acte impudique. Or comment admettre qu'un individu qui contemple avec satisfaction le fait obscène, et donne ainsi satisfaction à ses instincts lubriques, puisse voir sa pudeur outragée. Nous devons cependant reconnaître qu'en l'état de la jurisprudence notre système n'aurait pas grande chance de réussir devant les Tribunaux. La tolérance des maisons de débauche qui s'étalent dans les villes semble toutefois être en contradiction avec le principe de la jurisprudence; mais il ne faut pas oublier que c'est là seulement une tolérance d'ordre purement administratif et que n'a pas à apprécier le pouvoir judiciaire.

Quid du fait d'individus qui se réuniraient pour se livrer entre eux à des actes obscènes? Tombe-t-il sous le coup de l'article 330? L'affirmative et la négative peuvent aussi bien être soutenues l'une que l'autre. Dans un premier système, on dit qu'il y a évidemment outrage, qu'en effet les actes lubriques, bien que chacun des témoins y ait pris part, n'en ont pas moins été commis devant les autres, que les deux éléments de notre délit se rencontrent alors : l'outrage à la pudeur et la publicité ; qu'il y a donc infraction à la loi. Dans un second système on déclare au contraire qu'il n'existe pas d'outrage à la pudeur, parce qu'il ne peut être question de pudeur chez des individus qui se réunissent précisément pour se livrer à des actes impudiques. Cette opinion est conforme au principe que nous avons émis tout-à-l'heure, qu'il n'y a pas de pudeur absolument intrinsèque. Nous ne croyons donc pas que le fait dont nous venons de parler, privé de toute autre publicité que celle des regards des auteurs eux-mêmes du fait impudique, constitue le délit de de l'article 330. La jurisprudence semble à peu près fixée dans ce sens : en effet, plusieurs décisions judiciaires ont admis que l'outrage à la pudeur lorsqu'il avait été commis par plusieurs personnes revêtant le caractère d'auteurs et de spectateurs des scènes lubriques n'était pas punissable. D'un autre côté cependant certains arrêts ont admis que la publicité résultait du fait que certaines personnes avaient été les témoins de l'acte lubrique encore bien qu'elles y avaient pris part et que les faits tombaient conséquemment sous l'application de l'article 330. Nous aurons à revenir sur cette question quand nous parlerons de la publicité, de l'outrage commis dans un lieu privé.

Du reste, quand on parcourt les recueils d'arrêts et de jugements, on est frappé de la bizarrerie, on dirait presque de l'incohérence des principes admis par les juges en cette matière. Tout semble une question non seulement de fait, mais même de véritable appréciation personnelle : tantôt un acte qui a été considéré comme impudique par un tribunal est absous par un autre, tantôt une sévérité draconienne semble succéder à la plus grande indulgence. Il faut bien le dire, rien n'est plus difficile que de créer de véritables principes en notre matière. L'appréciation de l'acte qui donne naissance à notre délit est réservé souverainement aux juges du fait ; or il faudrait voir le plus souvent quelles ont été les circonstances extérieures qui ont entouré le délit dont les magistrats ont eu à connaître ; leur décision a pu être influencée par la moralité plus ou moins parfaite du prévenu, par le sexe, par l'âge, par l'éducation des témoins. Aussi, bien qu'en droit strict on puisse souvent critiquer les décisions rendues de ce chef, est-il malaisé de dire que les magistrats ont mal jugé. Il y a là un tel pouvoir d'appréciation que lorsqu'un acte a été interprété dans un sens ou dans un autre par le juge, la Cour de Cassation ne saurait y revenir et briser la décision rendue sous prétexte que le fait générateur du délit a été faussement apprécié.

Deuxième Partie

CHAPITRE IV

De la Publicité

CONSIDÉRATIONS GÉNÉRALES

Après avoir examiné le premier élément de l'outrage public à la pudeur, c'est-à-dire l'acte indécent qui donne naissance au délit, il nous faut parler du second élément, la *publicité*. C'est non-seulement un élément essentiel, mais c'est encore l'élément primordial du fait punissable d'après notre Code pénal. C'est en l'introduisant dans notre législation qu'un grand pas a été fait en matière répressive, qu'une nouvelle forme d'attentats aux mœurs a été créée. En effet, et nous avons déjà eu l'occasion de le faire remarquer, les législations anciennes ne connaissent pas l'outrage public à la pudeur ; le droit antérieur à la Révolution ne le connaît pas davantage, ce qu'il punit c'est l'outrage aux mœurs, qu'il y ait ou non publicité. Le droit intermédiaire n'a lui-même qu'une idée vague de l'infraction pénale dont nous nous occupons ; il ne prévoit que l'outrage public à la pudeur *des femmes*, c'est l'élément *personnel* qui domine et non l'élément de publicité.

Le législateur moderne a voulu tout autre chose : ce qu'il a entendu protéger par l'article 330, ce sont moins les bonnes mœurs, la morale intrinsèque, que la pudeur de tous. Il ne veut pas qu'une atteinte soit portée à la Société organisée telle qu'il l'a conçue, c'est-à-dire avec certains éléments spéciaux de moralité et de bienséance. C'est donc la pudeur de tous et en même temps celle d'un chacun qu'il a voulu protéger. Et d'abord, la pudeur de tous, c'est-à-dire la pudeur en général ; on ne pourra se livrer à aucun acte impudique qui pourrait blesser la pudeur en général, c'est-à-dire dans un endroit, ou d'une façon où tous pourraient le voir. On ne pourra pas non plus commettre un même acte qui, dénué d'une publicité absolument générale, aurait eu cependant des témoins volontaires ou involontaires. Car il ne faudrait pas croire que le législateur, en parlant de publicité, a entendu seulement s'occuper de la publicité générale ; le mot *public*, tel qu'on le comprend quelquefois dans le langage juridique et dans le langage ordinaire ne saurait s'appliquer à notre article 330. Nous aurons occasion de voir que cette publicité n'est pas la même que celle d'autres délits prévus par nos lois criminelles, qui doivent, eux aussi, pour être sujets à la répression, présenter un caractère de publicité. Certains délits touchant même de très près à celui qui nous occupe comme l'outrage aux bonnes mœurs commis par la voie de la parole et de la presse et qui, eux aussi, doivent être publics pour entraîner la répression, ne suivent pas quant à la publicité les mêmes règles.

Il faut donc, au début de notre matière, poser ce principe fondamental : c'est que l'article 330 prévoit la publicité la plus générale qui puisse exister. « Elle se réfère, dit un arrêt de la Cour de Cassa- « tion du 7 avril 1859, à tous les genres de publicité « que l'outrage public à la pudeur est susceptible « d'avoir, soit par le lieu où il a été commis, soit « par les autres circonstances dont il est accompa- « gné. » Comme le fait remarquer M. Garraud (1), cette définition résume fort exactement la portée de de l'article 330 au point de vue de la publicité. Aussi tous les auteurs ont-ils adopté cette manière de voir, se sont-ils rapportés à cette formule. Nous allons voir les conséquences qu'en a tirées la jurisprudence.

Elles sont parfois un peu draconniennes, mais elles sont, il faut bien le dire, conformes au principe. Tel que nous venons de l'énoncer, il comporte, en effet, comme conséquence qu'il n'est pas nécessaire que l'acte obscène ait eu des témoins, qu'il ait eu une publicité effective, il suffit que l'acte répréhensible ait pu être public pour qu'il soit punissable. De même, il n'est pas nécessaire que la publi-

(1) Garraud. Traité théorique et pratique du Droit pénal français, t. IV, p. 452, nº 9.

cité ait été *voulue* par l'auteur ou les auteurs de l'outrage. Il faut s'attacher moins à l'outrage lui-même, moins à ce fait que la pudeur a été blessée qu'à l'éventualité d'un scandale, d'une offense à cette pudeur. C'est pourquoi la formule qu'en a trouvée M. Garraud nous semble excellente lorsqu'il dit que notre délit serait peut-être mieux appelé l'*outrage à la pudeur publique* que l'outrage public à la pudeur.

Nous venons de remarquer qu'il importait peu qu'il soit entré dans la volonté de l'agent de faire la publicité autour de l'acte immoral qui constitue notre délit; mais bien plus, alors même que l'agent coupable n'aurait voulu nullement de la publicité, aurait tenté de se cacher, il n'en serait pas moins sujet aux peines prononcées par notre article. L'application de ce principe a été fait pour la première fois dans un arrêt fort ancien qui fait autorité en cette matière et qui se trouve rapporté par tous les auteurs. Sous le premier Empire, alors que la Belgique nous appartenait encore, les nommés Corneil Smit et Bernardine de Haan furent surpris une nuit dans un carrefour « in rebus ipsis veneris ». Ces individus cherchaient à se cacher, mais ils n'en furent pas moins aperçus par un agent de police. Poursuivis devant le Tribunal correctionnel, ils avaient été acquittés sous prétexte que Bernardine de Haan avait d'une part consenti et que d'autre part on ne pouvait retenir contre les inculpés l'outrage *public* à la pudeur, puisque l'acte répréhensible avait été commis la nuit par des individus cherchant à se cacher. Sur pourvoi du Ministère public, la Cour de cassation annula la décision des premiers juges par les motifs suivants : « Que la circonstance que cet acte éhonté « de licence avait eu lieu la nuit n'en détruisait pas « la publicité, puisque le passage et la circulation « des rues sont de droit et souvent d'usage la nuit « comme le jour (1) ».

Ce n'est donc pas, comme nous le répétons, une publicité restreinte, mais au contraire une publicité générale dont parle l'article 330 du Code pénal. Il y aura donc outrage public à la pudeur : 1° quand l'outrage aura été commis dans un lieu public. — 2° quand, commis dans un lieu privé, il aura pu être *perçu* par le public. Il faut donc distinguer entre ces deux publicités et examiner comment la jurisprudence et la doctrine ont interprété chacune d'elles.

(1) Cassation 26 mars 1813. Journal du Palais 1813, 2. 241.

Les différentes décisions judiciaires auxquelles ont donné lieu l'espèce que nous venons de rapporter sont curieuses à un autre point de vue : les motifs des jugements et des arrêts semblent tous se préoccuper d'une façon très sérieuse du point de savoir si Bernardine de Haan a ou non consenti aux rapports entre elle et Corneil Smit. Cette préoccupation nous montre qu'on vivait encore à cette époque avec le souvenir de la législation intermédiaire qui ne punissait que l'outrage à la pudeur des femmes.

CHAPITRE V

De la publicité de l'outrage commis dans un lieu public

Qu'entend-on par « lieux publics » ? M. Garraud en donne d'après Chassan et son Traité de la Presse une classification que nous allons adopter provisoirement. Pour lui, les lieux publics se divisent en trois classes : 1° ceux qui le sont par leur *nature* ; 2° par leur *destination* ; 3° par *accident*.

Les *lieux publics par nature* sont ceux qui sont ouverts et accessibles à tous d'une façon permanente ; les rues, les places, les chemins publics, les promenades d'une ville sont évidemment publics par leur nature.

Les *lieux publics par destination* sont ceux qui sont appelés, bien que n'étant pas accessibles à tous, à réunir un certain nombre de personnes, remplissant certaines conditions générales d'admissibilité.

Enfin certains lieux sont au contraire de par leur nature *privés*, mais la réunion d'un certain nombre de personnes soit généralement, soit accidentellement leur donne un caractère de publicité.

Il est évident que l'outrage à la pudeur commis dans un quelconque de ces lieux tombera sous l'application de l'article 330. Toutefois dans le premier cas, il y tombera toujours, dans les autres, il ne sera punissable qu'autant que le lieu aura revêtu son caractère de publicité au moment de l'outrage.

Lieux publics par nature. — Nous venons de dire que les rues, les places, les promenades d'une ville, les routes, les chemins étaient des lieux publics par leur nature ; chaque fois qu'un outrage y sera commis, il tombera sous le coup de la loi. Et peu importe qu'il soit commis de nuit ou de jour ; la publicité même de l'endroit rend passibles de la répression les auteurs de l'outrage. Nous avons déjà eu l'occasion de citer l'arrêt de la Cour de cassation du 26 mars 1813 qui a fait l'application de ce principe. Aujourd'hui la chose n'est plus même discutée, elle est admise par tous, soit en doctrine, soit en jurisprudence. C'est qu'en effet on ne peut nier que le caractère de publicité, tel que nous l'avons étudié plus haut, n'existe dans toutes les espèces qui se présenteront sous cette forme. En vain, pourrait-on dire : mais la nuit il ne peut y avoir de publicité, à moins, bien entendu, que des lumières ne viennent révéler l'acte coupable qui se commet, et quand des personnes se livreront à des actes impudiques sur un chemin écarté par une nuit noire, comment voir là une véritable publicité ? C'est que, comme nous l'avons dit, il suffit que l'acte *ait pu être vu* pour qu'il entraîne une répression ; or quelqu'un peut passer, même sur un chemin écarté, muni d'une lumière, au moment où l'acte indécent se commet. Bien plus, la dernière jurisprudence admettant que l'outrage peut se percevoir par d'autres sens que par celui de la vue et notamment par l'ouïe, l'outrage à la pudeur pourrait donc exister même en dehors de toute personne pouvant l'apercevoir. Mais hâtons-nous de dire que nous faisons toutes nos réserves au sujet de cette application de l'article 330; nous aurons à examiner plus tard et à critiquer les décisions qui l'auront consacrée. Quoi qu'il en soit, il n'est pas douteux que lorsqu'un outrage est commis dans un lieu public par sa nature, il est toujours répréhensible (1).

Lieux publics par destination. — Il n'en est pas de même lorsqu'il s'agit d'un lieu public par sa destination. Lorsque l'outrage est commis dans un tel lieu, il est seulement punissable quand ce lieu est ouvert au public. Cette distinction est nettement établie par un arrêt de la Cour de cassation du 1er mai 1863 (2).

Voyons quels sont ces lieux publics par destination et comment la jurisprudence a établi notre délit à propos de chacun d'eux. On peut citer comme lieux publics par destination : les théâtres, les églises, les écoles, les cafés, les salles d'auberge, les mairies,

(1) Cassation, 16 janvier 1862. S. 62. 1. 762.
Cassation, 26 mars 1813. Chauveau et Hélie, t. IV nº 1517.
Blanche, t. V nº 78. Garraud, t. IV nº 447.

(2) Dalloz, 64, 1, 147.

etc. Nous y ajouterons les voitures publiques et les wagons de chemin de fer, sur lesquels nous aurons à nous étendre tout à l'heure. Un outrage à la pudeur commis dans un théâtre ne sera punissable que s'il il a eu lieu au moment où le public y était admis. Dans un Palais de Justice, dans une salle d'audience par exemple, l'outrage n'existera qu'au moment où la foule y peut pénétrer. Pour les auberges, les cafés et les cabarets on ne pourra voir d'outrage à la pudeur dans un acte obscène qui y serait accompli que pendant le temps où ces lieux reçoivent des voyageurs ou des consommateurs ; et encore faudra-t-il que l'outrage ait eu lieu dans les endroits destinés à recevoir le public et non dans une dépendance privée desdits lieux. Une église ne sera réputée *lieu public* au sens de notre article qu'au moment où elle est ouverte aux fidèles ; un outrage qui serait commis après sa fermeture ne saurait être punissable.

Un presbytère est-il un lieu public ? Il est certain que tous peuvent s'y rendre pour parler au prêtre ; mais il est bien plus la demeure privée des ministres du culte ; aussi est-ce avec raison que la Cour de cassation a refusé de le considérer comme un lieu public (1). Il pourrait bien parfois revêtir un certain caractère de publicité, au moment par exemple où le prêtre y réunirait le Conseil de fabrique ou des congrégations, mais l'outrage serait alors punissable à cause de cette publicité de fait en dehors de toute considération de publicité du lieu.

(1) Cassation, 2 août 1816. Dalloz J. G., t. V, p. 407.

Les juges de paix sont autorisés à certains jours à tenir leurs audiences en dehors de leurs prétoires dans leurs maisons particulières. Celles-ci ne peuvent pas être considérées comme des lieux publics et elles n'emprunteront ce caractère qu'aux jours et aux heures des audiences. Un outrage commis à un tel moment deviendrait répréhensible, mais à la condition qu'il aurait eu lieu dans un des endroits où l'on recevait le public (1).

L'étude d'un notaire, le cabinet d'un courtier de commerce ne sont pas, à proprement parler, des lieux publics ; beaucoup de personnes s'y rendent à la vérité, on peut presque dire qu'ils sont ouverts au public à certaines heures, mais ils ne renferment cependant pas ce caractère de publicité par destination que nous étudions en ce moment. Ils l'auront bien à certains moments, lorsqu'on y fera une adjudication ou une vente, car alors la loi oblige d'y admettre tout le monde et fait ainsi de l'étude ou du cabinet du courtier un véritable lieu public ; mais en dehors de cette hypothèse, ce sont de véritables lieux privés, et un outrage qui y serait commis sans témoin ne tomberait pas sous le coup de la loi. C'est du reste ce que la jurisprudence a décidé dans deux arrêts successifs (2).

Mais si l'étude du notaire ou le cabinet du cour-

(1) Metz, 18 octobre 1816.

(2) Cassation, 29 décembre 1833 / Bourges, 22 juillet 1836 } Chassan, t. I, p. 45.

tier n'est pas un lieu public par destination, il nous semble qu'il ne faudrait pas aller trop loin ; c'est au moins un lieu public par accident aux moments et aux heures où ils sont ouverts. La jurisprudence a formellement déclaré qu'il en était ainsi pour les boutiques des marchands. Pourquoi traiterait-on d'une façon différente des études ou des cabinets ? Dira-t-on que la boutique est ouverte absolument à tous tandis que l'étude ne reçoit qu'un certain nombre de personnes, qu'il est d'usage de se faire annoncer ou de frapper avant d'y entrer ? Ce sera alors une question de fait ; mais il nous parait qu'une étude où tous peuvent pénétrer sans difficulté est un lieu public au moins par accident.

Une école est évidemment un lieu public au moment où les élèves y sont assemblés, à l'heure des classes ou des études, mais lorsque celles-ci sont terminées l'école redevient lieu privé. C'est ainsi qu'il a été jugé qu'un instituteur primaire n'avait pas commis un outrage public à la pudeur avec une de ses élèves bien qu'il ait eu avec celle-ci des relations dans la salle d'école communale. Ces relations avaient en effet eu lieu après l'heure de la classe, les portes avaient été fermées, des précautions prises pour empêcher d'être vus et nul témoin n'avait assisté aux rapports du maître et de son élève. (1)

On peut en dire autant de tous les lieux publics

(1) Cassation 1er mai 1863 D. 64. 1. 147. Cfr. Cass. 9 Nov 1832 S, 32. 1. 741

par destination, tels que les préfectures, les hôtels des administrations publiques pendant les heures d'ouverture des bureaux, en un mot tous les endroits où le public est admis à pénétrer à certaines heures. Si c'est pendant les heures d'ouverture que l'outrage est commis, il tombera sous le coup de l'article 330 ; s'il n'en est pas ainsi, il ne constituera aucun délit.

Nous considérons comme lieux publics, par destination, une voiture publique, une diligence, un wagon de chemin de fer. Un arrêt de la cour de Cassation du 27 avril 1831 (1) a décidé qu'une diligence n'était pas un lieu public dans le sens et l'esprit de la loi du 17 mai 1819. Des propos diffamatoires ayant été tenus dans une voiture publique, la Cour suprême a considéré que la publicité n'était pas suffisante pour constituer le délit prévu dans ce temps par la loi de 1819 et actuellement par la loi de 1881. Nous ne saurions adopter ce système que du reste la jurisprudence a abandonné aujourd'hui. Elle a en effet considérablement étendu la notion de publicité et pourvu que les paroles soient proférées devant un certain nombre de personnes, il y a aujourd'hui délit de diffamation. Mais que doit-on décider en matière d'outrage public à la pudeur ? Doit-on appliquer l'article 330 lorsqu'un outrage a été commis dans une voiture publique, une diligence ou un wagon de chemin de

(1) Sirey. 32. 1. 714

fer ? Bien entendu, notre question ne se pose que si l'acte n'a pas eu de témoin, que s'il n'a pas été vu du dehors, car nous aurions alors un outrage public à la pudeur, même si l'on admettait que ces véhicules fussent des lieux privés.

M. Garraud ne considère pas les voitures publiques comme des lieux publics : celle-ci, dit-il, « bien « qu'accessibles au public, bien que circulant sur la voie publique n'ont le caractére de lieux publics que lorsqu'elles contiennent des voyageurs. » ; et il cite à l'appui de sa thése un arrêt de la Cour de Cassation du 21 novembre 1879. (1) Nous ne saurions admettre cette opinion : c'est qu'en effet une diligence, une voiture sont publiques par leur destination ; elles sont faites pour recevoir les voyageurs, et à chaque instant la diligence peut être arrêtée pour y faire monter une personne. Comment donc admettre qu'elle peut être absolument privée ? Elle a au contraire un caractère absolument public et c'est ce qui la distingue d'une voiture privée. Aussi aurons-nous à donner une autre solution lorsque nous nous occuperons de ce dernier genre de véhicule. Au surplus, l'arrêt que le savant criminaliste cite à l'appui de sa thèse n'a absolument rien de probant ; la Cour suprême s'est gardée dans sa décision de 1879 de trancher la question. L'espèce qui lui était soumise était la suivante : l'outrage public à la pudeur avait été commis dans une voiture publique en présence d'autres voyageurs, il s'agis-

(1) Dalloz J.G. Supplément V° attentat aux mœurs n° 18.

sait de savoir si l'article 330 recevrait son application. Or la Cour de Cassation déclare « *que peu im-* « *porte de rechercher si une voiture publique est réelle-* « *ment un lieu public, que la publicité spéciale de* « *l'article 330 existe toutes les fois que les faits, même* « *commis dans un lieu privé, ont pu avoir des té-* « *moins.* » La question qui a été tranchée n'est donc pas celle de l'outrage commis dans un lieu public, mais celle de l'outrage commis devant un public. On ne saurait en induire que la Cour suprême considère une voiture publique comme un lieu privé.

Si nous passons au wagon de chemin de fer, nous allons voir qu'il en est de même. Pour nous, le wagon est un lieu public par destination. On pourrait cependant soutenir qu'il ne s'agit pas ici d'une voiture où le public peut monter à volonté, qu'il peut faire arrêter à chaque instant pour s'y introduire ; qu'au moins donc pendant la marche du train, le wagon devient un lieu privé. Il n'en est cependant rien, car, si les voyageurs ne peuvent pas monter dans un train en marche, si la loi même le leur interdit, il est une certaine catégorie de personnes qui peuvent y entrer à tout moment du jour et de la nuit : ce sont les contrôleurs et les employés des Compagnies : il n'est par conséquent pas possible de soutenir qu'un wagon est un lieu privé. De plus le train peut, par suite d'un accident, s'arrêter, la sonnette d'alarme peut retentir et lui faire cesser sa marche, tout le monde alors pourra pénétrer dans le wagon. Du reste, la question peut difficilement se poser aujourd'hui, alors que les compagnies ont installé ou des wagons qui communiquent entre eux ou de petites vitres qui permettent de voir d'un compartiment dans un autre. Un arrêt de la Cour de Cassation du 19 août 1869 (1) déclare qu'il y a eu outrage public à la pudeur par le seul fait qu'un individu a commis des actes impudiques dans un wagon. La Cour suprême déclare que l'ensemble des circonstances permet de dire que les actes auraient pu être vus de l'extérieur. Mais nous ferons pour cet arrêt la même observation que nous avons faite au sujet de celui du 21 novembre 1879 ; il ne tranche pas la question, il se contente de déclarer qu'en fait il y a eu une publicité puisqu'on *pouvait* voir du dehors ce qui se passait, mais on comprend fort bien que par certaines précautions on puisse se dérober aux yeux de tous dans un wagon de chemin de fer et empêcher par des moyens déterminés que les regards du dehors puissent pénétrer dans la voiture; il n'y en aura pas moins à notre avis un outrage public à la pudeur, car nous nous trouvons en face d'un lieu public par destination.

Nous n'admettons donc pas cette théorie qui consiste à dire que les voitures publiques sont ou ne sont pas des lieux publics suivant que les actes qui y sont commis ont pu ou n'ont pas pu être vus de tous (2).

(1) Dalloz. 70. 1. 97.

(2) Contra. Garraud. Traité théorique et pratique de droit pénal. Tome IV, page 145 n. 45.

Lieux publics par accident. — Certains lieux qui par leur nature ou par leur destination sont des lieux privés deviennent cependant à certains moments des lieux publics. C'est ce que l'on appelle des lieux *publics par accident* ; ils ne prennent, dit-on, leur caractère de publicité que quand un certain nombre de personnes y sont réunies. D'après M. Garraud ces lieux publics par accident doivent-être assimilés à des lieux privés proprement dits et il faudrait « s'attacher, pour déterminer si l'acte obs-« cène a été commis publiquement, aux circons-« tances particulières qui l'ont accompagné. » Mais alors à quoi bon distinguer entre ces lieux et les lieux privés ? Pourquoi les appeller « lieux publics par accident ? » C'est ici qu'apparait une critique qu'on peut formuler soit contre la division de Chassan, soit contre l'application qu'en a fait la doctrine par rapport à notre matière : ou bien cette troisième distinction était inutile puisque les lieux publics par accident se confondent avec des lieux privés, ou bien ce sont véritablement des lieux publics, assimilables tout au moins à des lieux publics par destination, et il faut alors les traiter comme tels chaque fois qu'ils seront dans des circonstances qui les rendent accidentellement publics. Le lieu public par accident est pour nous un lieu qui, par sa nature, serait privé, mais qui cependant, à certains moments, deviendrait « lieu public ». A ces moments-là, il se comporte comme le lieu public par destination qui, celui-ci, est toujours un lieu public dans les cas où il est destiné aux besoins de la généralité des citoyens. Il ne se confond pas avec le lieu privé en ce sens qu'il revêt un caractère de publicité, même lorsque les faits qui s'y commettent n'ont été aperçus de personne.

On cite généralement comme lieux publics par accident les boutiques, les magasins, les hôpitaux, les prisons, les voitures publiques et privées, les wagons de chemin de fer circulant sur les lignes.

Nous avons déja dit que nous ne pouvions pas considérer les voitures publiques et les wagons de chemin de fer comme des lieux publics par accident; nous les avons classés dans les lieux publics par destination ; nous n'y reviendrons donc pas.

En ce qui concerne les boutiques et les magasins ce sont bien des lieux publics à certains moments de la journée, à l'heure où chacun peut y entrer librement pour acheter ou pour vendre, pour y faire un acte quelconque de commerce. Mais sont-ils toujours « lieux publics » à ces heures ou prennent-ils seulement ce caractère lorsque plusieurs personnes s'y trouvent réunies? La jurisprudence semble avoir admis la première solution : en effet un arrêt de la Cour de Cassation du 23 décembre 1858 (1) porte : « Attendu qu'il résulte des constatations que « c'est dans la boutique d'un charpentier que le pré- « venu s'est livré sur la personne d'une jeune fille à « l'acte de lubricité brutale qui sert de base à la pour-

(1) Dalloz, 59, 1-239.

« suite : *que cette boutique était accessible au public*, que « d'ailleurs les fenêtres donnant sur la cour étaient « ouvertes et que de la rue on pouvait sans obstacle « pénétrer dans cette cour dont la porte reste cons- « tamment ouverte pour donner accès au public ; « qu'en matière d'outrage à la pudeur, la pu- « blicité existe non seulement au cas où l'acte « immoral a été vu par une ou plusieurs personnes, « mais aussi lorsqu'il a été offert aux regards du « public et que par la nature du lieu où il a été « commis, il a pu être aperçu même fortuitement ; « que dès lors en déclarant que les faits présentaient « le caractère d'outrage public à la pudeur, l'arrêt « n'a pas violé l'article 330. »

Ce serait donc raisonner faussement que de dire qu'il faut que le lieu pour devenir « public par accident » soit entouré des mêmes circonstances qui accompagneraient l'outrage à la pudeur dans un lieu privé. Dans l'espèce rapportée plus haut et qui était soumise à la Cour suprême, personne n'avait vu le charpentier commettre des actes obscènes. La Cour dit bien que les circonstances de la cause démontrent qu'il aurait pu être surpris, qu'on aurait pu le voir d'une cour où le public avait accès, mais elle déclare également que la publicité existe par la nature du lieu où l'acte a été commis.

Les hôpitaux doivent-ils être considérés comme des lieux publics par accident? On pourrait, selon nous, en faire des lieux publics par destination : c'est qu'en effet l'hôpital, s'il n'est pas ouvert à tout le monde, l'est cependant à un personnel nombreux de médecins, d'infirmiers et de surveillants et qu'aucune de ses parties ne doit échapper à l'examen de certains fonctionnaires. La Cour d'Alger dans un arrêt du 25 avril 1879 (1) a reconnu ce caractère de publicité en le restreignant toutefois aux malades et au personnel. Il ne faudrait pas cependant étendre par trop ce caractère de publicité ; nous croyons en effet que doivent être considérés comme lieux absolument privés même dans un hôpital les chambres ou pavillons séparés qu'on loue à des malades.

Les prisons sont généralement considérées comme des lieux publics par accident ; nous ne pensons pas qu'elles aient ce caractère. En effet, ou l'on se trouve en présence d'une maison soumise au régime cellulaire ou bien on est en face d'un établissement où les condamnés subissent leur peine en commun. Les premières sont, à notre avis, des lieux essentiellement privés, car on ne saurait admettre qu'une cellule soit un lieu public. Je sais bien qu'on pourra dire que des gardiens peuvent y entrer à tout instant ; il n'y aura pas selon nous par cette raison un caractère suffisant de publicité. Les prisonniers en cellule peuvent en effet prendre des précautions pour empêcher le gardien d'entrer subitement, de voir ce qui se passe dans l'endroit où ils sont reclus ; la publicité manque alors totalement. — Si la prison comporte le régime de la vie en commun, il y aura

(1) Dalloz, J. G., Supplément. V° Attentats aux mœurs, n° 16.

alors non un lieu public par accident, mais un lieu public par destination, car l'établissement par sa nature même, par la destination qui lui est donnée comporte la réunion d'un certain nombre de personnes dans un même lieu. Il y aura donc là au contraire publicité.

La jurisprudence, il faut bien le dire, considère presque toujours une prison, qu'elle soit cellulaire ou non, comme un véritable lieu public ; chaque fois qu'un outrage à la pudeur est commis dans un établissement pénitentiaire, il est réprimé par les juges comme tombant sous l'application de l'art. 330 du Code pénal. Cependant il faut tout d'abord observer que c'est seulement en notre matière que le caractère de publicité a été étendu à toutes les prisons ; ainsi l'on a toujours refusé de considérer comme diffamatoires ou comme injurieux des propos tenus dans une prison (1). Il est bien vrai qu'une décision de la Cour de Bordeaux du 20 mars 1851 a considéré comme punissables des propos injurieux tenus à l'intérieur d'un dépôt de mendicité ; or un tel établissement ressemble beaucoup à une prison. Mais nous savons déjà que la publicité s'apprécie d'une façon différente et beaucoup plus large en matière d'outrage public à la pudeur qu'en matière de délit commis par la voie de la presse ou de la parole : il suffit que l'auteur de l'acte impudique soit exposé à être

(1) Dalloz. Jur. génér. V° Presse-Outrage, n° 662.

vu par différentes personnes pour que le lieu constitue par rapport à lui un lieu public.

Les faits obscènes accomplis à l'intérieur d'une prison tombent, dit un jugement du Tribunal Correctionnel d'Auch du 19 juin 1868 (1), sous l'application de l'art. 330 *s'ils ont été commis dans de telles circonstances que les prévenus ou des personnes de l'établissement pouvaient les voir*. Cette décision judiciaire, bien que ne semblant pas en harmonie avec ce que nous avons dit plus haut, ne nous paraît pas cependant devoir être critiquée. Nous avons dit en effet que si les actes immoraux se commettaient dans une cellule, celle-ci devrait être réputée « lieu privé » : mais nous aurons occasion de voir que les actes immoraux commis même dans un lieu privé sont punissables chaque fois qu'ils ont été aperçus ou auraient pu être aperçus. Or, que dit le jugement d'Auch? Que les faits reprochés aux prévenus pouvaient être vus soit par des détenus, soit par le personnel pénitentiaire. Dans ces conditions, les principes nous semblent avoir été respectés. Cette question présente un très grand intérêt au point de vue pratique : il importe en effet au bon fonctionnement des établissements pénitentiaires que des désordres semblables ne puissent pas s'y commettre sans une répression sévère. Le plus souvent les peines disciplinaires seraient insuffisantes pour enrayer un mal qui n'est que trop commun dans les prisons, dont il fait de véritables

(1) Dalloz 68, 3. 76.

foyers de corruption. Il faut donc que les juges étendent aussi loin que possible le domaine de la publicité en ce qui concerne les prisons. Il ne faudrait pas toutefois dépasser le but, rompre absolument avec les principes et vouloir condamner alors même que les actes immoraux n'auraient pu être vus absolument de personne.

La publicité peut-elle résulter de la perception de l'outrage par un autre sens que celui de la vue? — Une décision judiciaire, à laquelle nous avons déjà fait allusion, a été rendue il y a quelques années en matière d'outrage public à la pudeur commis dans une prison ; elle soulève une question importante, car elle semble poser le principe que l'outrage public à la pudeur peut être perçu par d'autres sens que celui de la vue, notamment par l'ouïe. Ce document a donné lieu à de vives critiques. Nous ne saurions le passer sous silence et nous allons l'examiner à cette place. C'est un jugement du Tribunal de la Seine du 12 novembre 1888 (1). « Attendu, porte ce « jugement, qu'il résulte de l'instruction et des dé- « bats que le 24 septembre 1888 à sept heures et « demie du soir, Bailoy a exercé sur Richard con- « sentant des actes contraires à la pudeur dans « la prison de Sainte-Pélagie où ils étaient détenus.

« Attendu que l'outrage commis dans une salle « de prison en présence de plusieurs personnes dont « la pudeur a été blessée doit être considéré comme

(1) Journal du Ministère public, 1889, p. 151.

« public quand, comme dans l'espèce, le local où les « faits se sont accomplis est accessible à toute heure « aux surveillants de service.

« Attendu d'autre part que l'offense à la pudeur « doit s'entendre de la perception de l'acte impudi- « que par l'un des sens des témoins de manière à « frapper leur intelligence et blesser leur pudeur.

« Attendu en fait qu'il est établi par les déclara- « tions de Thuiller et de Mérinin qu'ils ont pu en « échangeant des propos obscènes avec les prévenus « même après l'extinction des feux, suivre par la « pensée et par l'ouïe les différentes phrases de la « scène incriminée.

« Par ces motifs,

« Condamne, etc,... etc. »

Ce jugement renferme dans ses motifs deux parties bien différentes : dans une première partie, le Tribunal pose le principe que nous avons reconnu depuis longtemps, à savoir qu'un lieu est public lorsque par sa destination même, par les règlements qui le concerne, certaines personnes peuvent y entrer à tout moment, si donc les juges de la Seine s'étaient contentés de condamner par ce motif, ils auraient été d'accord avec les principes (1).

Mais les magistrats ne se sont pas arrêtés là, et dans

(1) On se souvient toutefois que nous avons soutenu que les faits obscènes qui se passent dans une cellule ne tombent pas sous l'application de l'article 330, si les détenus ont pris des précautions suffisantes pour ne pas être vus. Si les actes ont été commis dans un dortoir en commun même pendant la nuit après l'extinction des feux, il y a, à notre avis, outrage public à la pudeur.

une seconde partie de leur décision, ils ont posé une règle absolument contraire, croyons-nous, à la saine interprétation de l'article 330. Pour eux la publicité d'un acte impudique peut être *perçue par l'un quelconque des sens des témoins*. Il ne s'agira plus seulement, avec cette théorie, de la vision d'un acte impudique ; celui-ci pourra se percevoir par les autres sens humains, notamment par l'ouïe ; dans son dernier « considérant » le jugement relate en effet que deux personnes avaient entendu les diverses phases de la scène incriminée ; de là outrage, disent les magistrats du Tribunal de la Seine. Nous ne saurions laisser passer une telle erreur. En effet, si l'on admettait cette théorie, combien d'outrages à la pudeur devraient être poursuivis tous les jours ! Nous avons vu que l'acte qui forme le premier élément de notre délit, l'outrage à la pudeur, peut ne pas être un acte immoral en soi ; les rapports entre époux, lorsqu'ils sont commis publiquement, constituent un outrage public à la pupeur. Que de fois ces rapports peuvent être perçus soit à travers la cloison d'une chambre d'hôtel, soit même à travers les étages de nos installations modernes élégantes, mais souvent d'une construction quelque peu factice. Les magistrats rédacteurs de cette décision semblent avoir obéi à cette préoccupation qu'il faut à tout prix réprimer les actes immoraux qui se commettent dans les prisons. Mais ils sont allés beaucoup trop loin, ils n'ont pas vu ou n'ont pas voulu voir quelles conséquences pouvaient entraîner les principes qu'ils posaient, et quelle voie dangereuse ils ouvraient en déclarant que l'outrage public à la pudeur pouvait se percevoir par le sens de l'ouïe. Mais où alors le jugement devient complètement incompréhensible, c'est lorsqu'il déclare que l'outrage peut tirer son caractère de publicité de ce fait qu'il a pu être *suivi par la pensée!* La pensée n'est même pas un sens : elle est ou la résultante de certaines sensations d'après l'école matérialiste, ou la production d'elle-même en dehors de tous sens suivant le spiritualisme (1). D'après le jugement que nous critiquons il suffirait donc qu'un outrage pût être perçu par la pensée (ce qui ne signifie rien) pour être punissable. Dira-t-on aussi que l'outrage pourra être perçu par l'odorat ou par le goût ! Voilà pourtant où l'on en arrive quand, quittant les véritables principes, on veut faire en droit criminel de la fantaisie !

Cette doctrine n'avait jamais été affirmée aussi nettement qu'elle l'est dans ce jugement. Deux arrêts de la Cour de Cassation semblent, cependant, avoir appliqué les mêmes idées plusieurs années auparavant et avoir admis implicitement, sinon d'une façon expresse que la publicité de l'outrage à la pudeur pouvait résulter de sa perception par un autre sens que celui de la vue. Ce sont des arrêts

(1) On se rappelle la fameuse formule « Nihil est un intellectu quod non prius fuerit in sinsu » à laquelle Leibnitz ajoutait « nisi ispse intellectus ».

de 1877 et 1879 (1). Dans la première espèce soumise à la Cour suprême, il s'agissait de savoir si l'on devait considérer comme un outrage public à la pudeur le fait de se livrer tour à tour à des actes indécents sur une femme et sur une jeune fille qui se trouvaient *de nuit, sans lumière,* dans une écurie fermée. La Cour de Cassation a répondu affirmativement. Un jugement du Tribunal de Saint-Jean-de-Maurienne du 10 mai 1877 avait condamné un sieur Ponce qui s'était introduit dans une écurie où une veuve Gros, âgée de quarante-six ans, et sa fille âgée de quatorze ans, étaient couchées. Il s'était jeté d'abord sur la mère et avait relevé ses vêtements, essayant d'assouvir sur elle sa passion ; puis, comme celle-ci se défendait avec énergie, il avait étreint la jeune fille et avait essayé de la posséder. Aux cris des femmes, il s'était enfui. La Cour de Chambéry avait confirmé le jugement de condamnation prononcé par les premiers juges ; pourvoi fut formé devant la Cour de Cassation. M. l'avocat général Lacointa, dans de remarquables conclusions, demanda la cassation de la sentence. Pour lui, l'article 330 ne pouvait s'appliquer « qu'au fait commis soit dans « un lieu public par sa nature ou par sa destination « soit dans un lieu privé, mais exposé aux regards du public ». Or, disait-il, dans l'espèce soumise à la Cour, le lieu était essentiellement privé et les faits

(1) Cassation 4 août 1877. D. 78. 1. 287.
Cassation 15 mai 1879. D. 79. 5. 30.

n'avaient pas été commis en présence de témoins et n'avaient pu être aperçus du dehors ; seules, les deux personne qui en avaient été les victimes avaient pu, sinon voir l'outrage qui était fait aux mœurs, du moins s'en rendre compte. Il citait à l'appui de sa thèse de nombreux documents de jurisprudence. La Cour cependant n'admit pas le pourvoi. Elle considéra que l'acte qui avait été réprimé tombait bien sous l'application de l'article 330. Elle n'admet pas cependant d'une façon formelle, comme le jugement du Tribunal de la Seine que nous avons critiqué, que l'outrage à la pudeur puisse être perçu par tous les sens ; elle se contente de dire que l'outrage fait à la pudeur de chacune des deux femmes a eu l'autre pour témoins et que cela suffit pour entraîner l'application de notre article. Elle semble même poser en principe qu'il faut que l'outrage ait été perçu par le sens de la vue dans le considérant suivant : « Qu'il est également admis qu'il (l'outrage) « revêt ce caractère (de publicité) lorsque, accompli « dans un lieu privé, il a pu être aperçu par des « tiers à défaut de précautions suffisantes prises par « ses auteurs pour le tenir secret. » La Cour suprême ne répond nullement, à la vérité, à l'objection qu'on aurait pu lui faire : que l'obscurité empêchait la perception oculaire de l'acte immoral ; elle semble bien plus préoccupée du point de savoir si deux personnes attaquées en même temps en matière d'outrage à la pudeur peuvent se servir réciproquement de témoins que de celui de reconnaître si les actes immoraux ont été réellement *vus*. Nous aurons à revenir sur cet arrêt et à l'analyser plus longuement lorsque nous traiterons de la publicité de l'outrage commis dans un lieu privé. Il est un des plus importants de la matière ; il fixe, comme le dit M. Garraud, la dernière étape de la jurisprudence en matière de publicité.

L'arrêt de 1879 précité n'est pas non plus formel, comme le jugement du Tribunal de la Seine ; il se rapporte plutôt comme celui de 1887, a des outrages commis dans un lieu privé sur plusieurs personnes. La Cour dans ses motifs ne dit pas plus qu'en 1879 que l'outrage à la pudeur peut être perçu par tous les sens. Elle tranche la même question que l'arrêt précédent : une question de publicité dans un lieu privé. C'est donc au moment où nous examinerons ce point que nous aurons à nous occuper spécialement de ce document de jurisprudence.

Nous concluerons que l'outrage à la pudeur ne peut se percevoir que par un seul sens, celui de la vue. Du reste ce que nous disons là ne s'applique que dans les cas prévus par l'article 330 et laisse naturellement en dehors tout ce qui se réfère à l'outrage aux bonnes mœurs. (Loi de 1881 et 1882)

On classe généralement parmi les lieux publics par accidents les cercles. Ce sont des endroits où s'assemble et se réunit une certaine classe de personnes et qui sont ouverts à des heures déterminées. Dans le sens de l'article 330, ce sont des « lieux publics » aux heures où ils sont ouverts ;

si tout le monde ne peut y entrer, à chaque instant cependant un grand nombre de personnes peut y venir librement. L'outrage commis dans les dépendances d'un cercle tombe sous l'application de l'article 330, c'est ce qu'a jugé la Cour de Dijon le 27 novembre 1878 (1). Il n'y a pas à distinguer si, au moment où l'outrage est commis, il y avait des témoins dans l'endroit où il se commettait; c'est par son caractère de « lieu public » que le cercle donne à l'infraction la publicité nécessaire. Il reste bien entendu que nous parlons seulement du délit commis aux heures où le cercle est accessible à ses membres. Ne pourrait-on pas alors se demander si, dans ces conditions, il n'y a pas une très grande ressemblance entre un cercle et un lieu public par destination? Nous avons d'avance répondu à cette question en critiquant la division tripartite des lieux publics et en nous efforçant de montrer que les lieux dits publics par accident se confondaient tantôt avec les lieux publics par destination, tantôt avec des lieux privés. Au surplus, un outrage commis dans un cercle sera toujours punissable aux termes de la jurisprudence, car si ce ne sont pas les sociétaires qui se trouvent dans les locaux du cercle, ce seront les garçons ou les employés, qui, *ayant pu être témoins* de l'acte délictueux lui auront donné son caractère de publicité.

Les voitures privées sont aussi rangées par cer-

(1) Sirey, 1879. 2. 233.

tains auteurs parmi les lieux publics par accident. Il est bien entendu que ces véhicules ne sont ainsi regardés que lorsqu'ils circulent dans les rues, sur les places, en un mot sur la voie publique. C'est pour les fiacres ou autres voitures louées à la course ou à l'heure que la question s'est posée. Y a-t-il là un lieu public par accident? Y a-t-il au contraire un lieu privé? Nous n'hésitons pas à les classer parmi les lieux privés. On a cependant soutenu qu'ils étaient des lieux publics. Ce sont, disait-on, des voitures que chacun peut prendre, accessibles à tous, roulant sur la voie publique et l'outrage qui s'y commet peut, pour ainsi dire, être considéré comme ayant eu lieu sur la voie publique elle-même. Cette manière de voir a même fourni à un de nos plus spirituels auteurs dramatiques la donnée d'une des plus gaies comédies de ces dernières années « Le Fiacre 117 ». Un intérêt pratique s'attache-t-il à savoir si la voiture privée voyageant sur la voie publique est un lieu public par accident ou un lieu privé? La solution de cette question dépend de la façon dont on envisage le lieu public par accident. Si, comme M. Garraud et certains autres criminalistes, on traite le lieu public par accident exactement comme un lieu privé, si l'on exige ou la présence des témoins ou la possibilité de voir l'acte impudique comme nécessaire pour constituer le délit, il va de soi qu'aucun intérêt ne s'attache à savoir si notre véhicule est ou non un lieu public. Mais si, comme nous, on considère que l'outrage commis dans un lieu public même par accident est toujours punissable parceque dans ce lieu *on est toujours réputé avoir pu être vu,* la question a un intérêt capital. Si c'est un lieu public, l'outrage commis dans la voiture sera réprimé dans tous les cas, au contraire si c'est un lieu privé il faudra que les auteurs de l'acte immoral aient été vus ou aient pu en fait être vus pour encourir une condamnation. Nous n'hésitons pas, avons-nous dit, à considérer la voiture comme un lieu absolument privé. Une voiture louée par une personne devient pendant la location l'objet d'un droit de jouissance exclusif de la part de celui qui la loue; il a donc le droit d'en faire ce que bon lui semble. On peut objecter, il est vrai, que les voitures privées sont soumises à certaines rèlgementations particulières, que, pendant leur circulation sur la voie publique, elles doivent obéir aux injonctions des agents de la force publique. Sans discuter le point de savoir si, comme on l'a prétendu, ces agents avaient le droit d'ouvrir les portières pour voir ce qui se passe à l'intérieur des voitures, on peut dire que celles-ci étant des lieux privés, le contrôle auquel elles sont soumises ne leur enlève rien de leur caractère. Toutefois si un acte impudique vient à être commis dans de telles conditions, il faudra que toutes les précautions soient prises pour qu'il échappe aux regards; il faudra que nul ne puisse surprendre ce qui se passe à l'intérieur du fiacre; la moindre négligence, le laisser-aller le plus involontaire pourront donner le caractère de publicité qui suffit pour caractériser notre délit, même lorsqu'il est perpétré dans un lieu privé.

La jurisprudence est du reste fixée dans ce sens. C'est ainsi qu'un arrêt de la Cour de Cassation du 23 mai 1853 (1) déclare qu'un outrage public à la pudeur peut se commettre dans une voiture privée, mais que la *publicité du délit ne résulterait pas nécessairement de cela seul que les faits auraient eu lieu dans une voiture circulant sur la voie publique*. Le 23 février 1856 (2) la Cour suprême faisait à nouveau l'application de ce principe en déclarant que, les outrages à la pudeur commis dans des voitures fermées louées à la course ou à l'heure doivent être considérés comme publics si la voiture était ouverte, notamment si l'un des stores n'était pas baissé, de manière que les personnes fréquentant la route publique sur laquelle cette voiture circulait, aient pu voir les actes indécents qui y étaient commis. C'est encore le même principe que la Cour a appliqué en disant qu'il y avait outrage public à la pudeur bien que tous les stores de la voiture aient été abaissés si, malgré cette précaution, le public a pu voir ce qui se passait dans l'intérieur (3). Cette application est du reste fort juste; elle ne fait que consacrer la théorie dont nous avons déjà tant de fois parlé, à savoir que l'outrage public à la pudeur existe chaque fois que l'acte indécent *a pu être aperçu*.

(1) Sirey. 53. 1. 461.
(2) Sirey. 56. 1. 473.
(3) Cassation, 18 mars 1858. S. 58. 1. 561. Conf. 18 juin 1858.

Nous en avons terminé avec l'étude des lieux publics et nous pouvons examiner de plus près la critique que nous faisions plus haut de la division de ces lieux en trois classes. Si, au point de vue de l'existence d'autres délits, la publicité à raison de la nature des lieux peut ainsi se scinder en trois parties, il est, je crois, dangereux d'appliquer cette division à notre matière. Nous venons de voir en effet que, parmi les lieux dits publics par accident, les uns peuvent rentrer dans la catégorie des lieux publics par destination, les autres dans la catégorie des lieux privés. M. Garraud qui adopte la division de Chassan, est lui-même obligé de dire que pour les lieux publics par accident, « on doit les assimi- « ler à des lieux privés proprement dits et s'atta- « cher pour déterminer si l'acte obscène a été com- « mis publiquement aux circonstances particulières « qui l'ont accompagné. » Cela revient à dire que cette dernière classe de lieux publics doit être considérée comme « lieux privés ». Mais d'une part, à quoi bon, si l'on se trouve en présence de lieux privés, en faire une catégorie à part de lieux publics ; d'un autre côté, nous avons vu, qu'à notre avis du moins, il n'en était pas absolument ainsi pour certains de ces lieux, comme les hôpitaux, les prisons, les cercles par exemple que nous préférons rapprocher des lieux publics par destination.

Pour nous, il n'y aura donc que deux sortes de lieux publics : les lieux publics par nature et les lieux publics par destination. Dans ces deux catégories, chaque fois qu'un outrage aura été commis, il sera toujours punissable indépendamment de toute autre publicité ; il sera toujours réputé en effet avoir pu être vu. Dans le lieu privé, au contraire l'acte immoral ne constituera un délit que lorsqu'il aura été accompagné d'une publicité effective ou possible. C'est ce que nous aurons à examiner dans notre prochain chapitre. Si l'on nous demande maintenant quel est le criterium auquel nous reconnaîtrons un lieu public, nous pourrons dire que c'est celui qui est ou accessible à tous, ou plus facilement accessible à toute une catégorie de personnes.

CHAPITRE VI

De la publicité de l'outrage commis dans un lieu privé

L'outrage public à la pudeur n'existe pas seulement lorsque l'acte indécent, lorsque l'outrage est commis dans un lieu public ; il existe encore quand l'outrage est commis dans un lieu privé, s'il a revêtu un certain caractère de publicité. Deux situations peuvent ainsi se présenter : ou bien l'outrage commis dans un lieu privé l'a été devant des témoins, ou bien il a été simplement aperçu ou pu être aperçu et dans ce dernier cas n'a été révélé que par le hasard ou les indiscrétions de l'auteur ou des auteurs.

Dans le premier cas, l'outrage, bien que perpétré dans un lieu privé, a eu des témoins : l'auteur ou les auteurs des actes indécents et immoraux n'ont eu aucune retenue : devant plusieurs témoins ils se sont livrés à des actes contraires à la pudeur, ils ont montré leurs nudités, ils ont eu des rapports sexuels. Bien entendu, il y aura lieu à l'application de l'article 330 du Code pénal ; les deux éléments de notre délit se trouvent en effet réunis : d'une part, l'outrage à la pudeur, d'une autre la publicité ; il importe peu, en effet, qu'on soit dans un lieu clos, couvert et privé ; si, devant plusieurs personnes réunies, on s'est volontairement livré à des actes indécents, on a porté atteinte par le fait même à la pudeur de ces personnes.

Une question, cependant, dont nous avons eu l'occasion de parler plus haut s'est posée à ce sujet ; on s'est demandé si, lorsque plusieurs personnes étaient réunies dans le but de commettre ou de voir commettre des actes indécents, il y avait lieu à l'application de notre article. Nous avons répondu négativement. Les auteurs sont généralement de cet avis. Le savant criminaliste, M. Garraud (1), notamment s'exprime ainsi :

« Il nous parait évident que l'assistance d'un cer-
« tain nombre de personnes aux actes immoraux ou
« obscènes ne suffirait pas pour caractériser la
« publicité si ces personnes y avaient elles-mêmes
« volontairement pris part. Comment dire en effet
« dans ce cas, que la pudeur des personnes qui
« consentent, non seulement a être témoins de ces
« actes, mais encore à y participer, ait pu être
« outragée. La loi ne réprime pas le vice ; elle se
« borne à faire la police morale de la rue ; ce qui

(1) Garraud. — T. IV page 457.

« motive son intervention c'est essentiellement le « scandale public. »

A l'appui de sa thèse, il cite plusieurs documents de jurisprudence ; dans l'un, des actes de débauche accomplis dans un lieu privé par une femme avec cinq jeunes gens, successivement acteurs et témoins de ces actes, ont été considérés comme ne tombant pas sous le coup de la loi, car, dit l'arrêt, ils n'ont pas été commis avec publicité (1). Dans un autre, il s'agissait aussi d'une scène scandaleuse commise dans un lieu privé par une personne et deux enfants ; celles-ci étaient mineures de seize ans ; la Cour de Paris (2) a cependant repoussé l'application de l'article 330, parce que, dit-elle, les actes obscènes ont manqué de publicité. Ces deux arrêts semblent fixer la jurisprudence ; ils s'expliquent cependant mal avec le courant qui parait avoir entraîné les tribunaux à une répression sévère en notre matière ; le second surtout est peu conforme aux habitudes judiciaires qui tentent avec raison de protéger l'enfance contre la souillure, par tous les moyens possibles. Aussi une certaine opinion leur est-elle contraire : Dès qu'on rencontre les deux éléments, l'acte immoral et la publicité, on se trouve, dit celle-ci, en présence du délit prévu par l'article 330 ; bien que ceux qui participent à cet outrage aient à la fois la double qualité d'acteur et de témoin, ils n'en sont pas moins

(1) Grenoble, 8 août 1855. D. 56. 2. 277.

(2) Paris, 1er mars 1888. D. 89. 2. 16. Cfr. Blanche t. V. n° 82. Cass. 8 Nov. 1872. D. 73. 1. 176.

un public. Mais leur pudeur peut-elle être blessée ? Non, répondons-nous, car à ce moment ils ont abdiqué tout sentiment de ce genre. Ce raisonnement, reprennent les partisans de la doctrine qui nous est contraire, n'est rien moins que spécieux et il entrainerait à des conséquences fâcheuses : il faudrait, si on l'admettait, rechercher dans chaque espèce soumise à l'appréciation de la justice quel était le degré de pudeur du ou des témoins des actes scandaleux ; on en arriverait, ajoutent-ils, à ce que certains avocats, à court d'arguments, ont quelquefois plaidé en Cour d'assises, à dire qu'il ne peut y avoir d'attentats à la pudeur sur de très jeunes enfants parce que ceux-ci n'ont pas de pudeur. Nous répondrons que là n'est pas la question : pour qu'il y ait le délit prévu par l'article 330, il faut, outre la publicité, une pudeur qui soit blessée ; ce que notre loi cherche à protéger, c'est la pudeur de la rue ; ce qu'elle veut, c'est que ceux qui seront les témoins de certains actes n'en soient point offensés.

Une seconde situation peut se présenter : l'outrage à la pudeur est commis dans un lieu privé, mais ce lieu, par sa nature ou sa disposition permet aux regards du public de voir ce qui se passe. Si les auteurs de l'outrage n'ont pris aucune précaution, nul doute qu'ils ne tombent sous l'application de notre article. *Quid* s'ils ont pris des précautions? Ici les auteurs et la jurisprudence sont d'accord : si les précautions n'ont pas été suffisantes, il y a lieu de retenir l'outrage à la pudeur. Si toutes les précautions possibles ont au contraire été prises, si ce n'est que par suite d'un accident que ceux qui se livrent à des actes indécents ont été surpris, il n'y aura pas lieu d'appliquer l'article 330.

Mais quand les précautions seront-elles réputées avoir été prises de façon suffisante ? C'est, bien entendu, une question de fait, une question d'appréciation de la part du juge, nous allons avoir à examiner nombre d'espèces sur lesquelles s'est prononcée la jurisprudence.

Un principe semble donc dominer la matière ; c'est le suivant : l'outrage à la pudeur est punissable lorsque, commis dans un lieu privé, *il a été aperçu ou a pu être aperçu*. Lorsqu'il a été aperçu, nul doute, nulle difficulté, la chose va d'elle-même ; en ayant soin d'excepter naturellement les cas où, comme nous le disions à l'instant, toutes les précautions ayant été prises pour celer l'acte coupable, celui-ci n'a été vu que par suite d'un hasard, d'un accident. Mais la jurisprudence va plus loin et elle déclare qu'en dehors même de toute vision, de tout témoignage des yeux, le fait indécent doit être puni lorsqu'il a pu être aperçu. Ainsi, peu importe qu'aucun témoin n'ait assisté à la perpétration de l'acte coupable, si celui-ci est porté à la connaissance de la justice par un moyen quelconque, par l'aveu du ou des prévenus, il devra être poursuivi et entraînera une condamnation. Il faut donc que l'auteur de l'acte immoral ait pris toutes les précautions nécessaires, car dès que celles-ci deviennent insuffisantes, il tombe sous l'application de la loi.

Voyons maintenant les applications que la jurisprudence a faites de ces principes.

Une première hypothèse dont les Tribunaux ont eu à s'occuper est celle de l'outrage à la pudeur commis dans un champ. Un tel acte est-il punissable? Sur ce point, la jurisprudence a varié; trois solutions ont été données; nous allons les examiner à l'aide des documents qu'elles ont engendrés.

D'après la première, un champ doit être considéré comme un lieu public : c'est, dit-on, un endroit où tout le monde peut accéder, où l'on a coutume d'aller journellement pour vaquer aux travaux de la campagne, où nombre de personnes passent et repassent. C'est donc un endroit public, sinon au sens juridique du mot, tout au moins au sens général, au sens grammatical. Quand un outrage aura été commis dans un champ, il tombera donc toujours sous l'application de l'article 330 du Code pénal; peu importe que les auteurs n'aient pas été aperçus, peu importe également l'heure à laquelle l'acte a été commis. C'est un arrêt de la Cour de Paris du 23 mars 1866 (1) qui a posé ce principe en disant qu'un champ est à lui seul un endroit public et que par suite l'outrage qui s'y commet tombe sous l'application de l'article 330, sans qu'on doive constater

(1) Bulletin des Arrêts de Paris, 1866, p. 263.

qu'en raison de la distance ou de la disposition des lieux il avait été vu ou avait pu être vu.

Au premier abord ce système pourrait sembler soutenable, car un champ est bien en effet un endroit revêtant certains caractères de publicité; il est d'habitude, comme on le dit, accessible à un grand nombre de personnes; le plus souvent on voit tout ce qui s'y passe. Mais quand on serre de près cette théorie, elle ne saurait soutenir la discussion. En matière pénale, tout est de droit étroit et rien n'est plus dangereux que d'essayer d'étendre les prescriptions du Code. Or, il est certain que, juridiquement parlant, un champ est un lieu privé, il appartient à un propriétaire ; celui-là seul ou les personnes qu'il autorise ont le droit d'y aller, c'est même une contravention que de le traverser sans sa permission. Le champ ne peut donc être assimilé à un lieu public, c'est un lieu privé dans toute la force du terme. Le plus souvent, il est vrai, on y découvrira aisément ou on pourra y découvrir les actes qui s'y commettront, mais alors la publicité résultera de ces circonstances de fait et non plus de la nature du lieu où l'acte aura été commis.

Une seconde solution déclare qu'un champ est un lieu privé, mais qu'il revêt un caractère de publicité par le seul fait qu'on a vu, ou même seulement qu'on a pu voir, les actes qui s'y passaient. Cette manière d'envisager notre hypothèse est de beaucoup préférable et plus conformes aux principes que la précédente. Comme nous l'avons exposé, l'outrage à la pudeur est puni même lorsque, commis dans un lieu privé, il a été vu ou pu être vu ; or, c'est ici le cas. L'auteur de l'outrage est punissable parce que, commettant un acte indécent, il n'a pas pris toutes les précautions qui étaient nécessaires pour le cacher aux regards de tous.

La Cour de Cassation a fait application de ce principe dans un arrêt du 22 février 1828 (1). Elle a jugé que l'outrage à la pudeur commis dans un champ, mais à la vue de plusieurs personnes, était un outrage public et elle a cassé le jugement qui avait refusé de lui reconnaître ce caractère : « Attendu « que dans l'espèce, dit la Cour suprême, en spéci« fiant les circonstances desquelles il résulterait que « l'outrage à la pudeur avait été vu par quelques per« sonnes, le jugement attaqué a décidé qu'il n'a« vait pas le caractère de publicité énoncé par l'ar« ticle 330, parce qu'il n'avait pas été commis dans « un lieu public ; qu'ainsi ce jugement a exclusive« ment restreint la publicité de l'outrage à celle du « lieu où il avait été commis... »

Les premiers juges avaient décidé que le champ était bien un lieu privé, mais ils étaient allés beaucoup plus loin et ils avaient déclaré que les actes indécents ne revêtaient aucun caractère de publicité quand bien même ils avaient été aperçus ; ils avaient méconnu les véritables principes que nous avons énoncés, à savoir que la publicité résulte non seule-

(1) Bulletin officiel de la Cour de Cassation, Ch. criminelle, 1828, n° 48.

ment du caractère du lieu où l'acte a été commis, mais encore des circonstances qui ont entouré l'acte lui-même. Cette décision judiciaire est, du reste, de 1828, époque à laquelle la jurisprudence était encore flottante et où l'on n'avait pas dégagé les principes avec la netteté qu'ils ont revêtue par la suite. La Cour de Cassation les a rétablis dans son arrêt; c'est aujourd'hui une théorie incontestable et qui ne se discute même plus que d'attribuer à la publicité de fait les mêmes effets qu'à la publicité résultant de la nature des lieux où l'acte a été commis (1).

Une troisième solution, conforme également aux principes de notre matière, résulte de plusieurs décisions judiciaires : c'est que l'outrage à la pudeur commis dans un champ n'est pas punissable lorsqu'il n'a pas été vu ou lorsqu'il n'a même pas pu être vu. C'est qu'en effet, nous nous trouvons en face d'un lieu privé et vis-à-vis d'un acte qui manque de toute publicité. La Cour de Rouen l'a ainsi jugé dans un arrêt du 10 Janvier 1867 (2). Ne peut être considéré, dit cette Cour, comme ayant le caractère de publicité nécessaire pour constituer l'outrage public à la pudeur un acte d'immoralité commis dans un champ dépouillé de sa récolte, mais à un moment où l'obscurité était complète et à une distance suffisante d'un chemin public, pour qu'il ait

(1) *Sic*, Chauveau et Hélie, — Théorie du Droit pénal, t. IV n° 1522.

(2) Recueil des Arrêts de Caen et Rouen 1867, 2e partie, p. 24.

été impossible aux personnes passant sur le chemin de le voir. Il en est ainsi alors même que ces personnes auraient entendu distinctement des paroles ne leur laissant aucun doute sur la nature de l'acte incriminé.

Cet arrêt mérite, à notre avis, qu'on appelle sur lui l'attention, car il nous semble admirablement résumer la vraie doctrine sur l'outrage public à la pudeur. D'une part, dit-il, le champ est un lieu privé; or, pour que les actes qui y ont été commis fussent punissables, il faudrait qu'ils aient été ou aient pu être vus. Et il ne suffirait pas qu'ils aient pu être perçus d'une autre manière que par le sens de la vue. C'est la théorie que nous avons soutenue, notamment lorsque nous nous sommes occupés de l'outrage public à la pudeur commis dans une prison. Nous avons démontré à ce moment que l'outrage à la pudeur ne peut être perçu par tous les sens; nous avons critiqué les documents de jurisprudence contraire à cette solution. Nous ne saurions que donner notre adhésion à l'arrêt de la Cour de Rouen.

Une autre décision émanant de la Cour suprême a jugé dans le même sens (1). Elle a décidé qu'il était nécessaire pour qu'il y eût lieu à l'application de l'article 330, qu'il existât une possibilité certaine de publicité. Ainsi un individu avait été trouvé le soir en rapports intimes avec une femme dans un champ,

(1) Cassation, 2 janvier 1846, S. 46. 1. 304.

à cent trente-six pas de toute circulation ; il faisait nuit noire. Poursuivi, le délinquant avait été acquitté ; la Cour a considéré que dans l'état de ces faits le jugement qui avait renvoyé le prévenu des poursuites n'avait pas violé l'article 330.

La théorie semble donc définitivement fixée : un champ est un lieu privé et pour que les outrages qui y sont commis soient punissables, il faut qu'ils aient été entourés d'une certaine publicité. Ainsi quand un champ sera couvert de récoltes et que celles-ci seront assez hautes pour protéger les auteurs des actes obscènes des regards du public, il n'y aura pas outrage public à la pudeur. Nous en dirons autant si le champ est garni de haies ou d'autres clôtures qui peuvent dissimuler aux yeux de tous ceux qui se livrent à des actes honteux [1].

Un bois est évidemment un lieu privé : l'outrage à la pudeur qui y serait commis serait punissable si les précautions nécessaires n'avaient pas été prises pour dissimuler l'acte immoral aux yeux de tous. Dans cette matière, tout dépendra de l'endroit du bois où l'outrage aura été commis : s'il a eu lieu dans un fourré d'une grande épaisseur dissimulant l'acte impudique, si encore il a eu lieu la nuit, il ne sera pas punissable ; il en serait autrement s'il avait eu lieu de jour, si les personnes qui venaient dans le bois avaient pu l'apercevoir. C'est ce qui a été

(1) Cassation, 30 juillet 1863, D. 64. 1. 147.

jugé par la Cour de Bordeaux le 26 Janvier 1876 (1) : une jeune fille qui gardait des vaches dans un bois de pins se vit en but aux outrages d'un individu qui voulait avoir des rapports avec elle ; elle s'enfuit et porta plainte. L'auteur du délit, poursuivi, fut acquitté par le Tribunal de première instance, mais condamné par la Cour sur appel du Ministère public. Le bois, dit l'arrêt, est bien un lieu privé, mais l'endroit où le fait s'était passé était accessible à tous, près d'un chemin et fréquenté par les chasseurs de la région ; il y avait donc eu possibilité pour des témoins de voir l'acte impudique. Les deux éléments du délit s'étant rencontrés dans l'espèce, l'article 330 fut appliqué, et avec raison, à notre sens.

Une vigne est également un lieu privé : pour que l'outrage qui y sera commis soit réprimé, il faut donc qu'il revête un certain caractère de publicité, c'est-à-dire que par l'heure, par l'endroit où il sera commis, il ait pu être distingué. C'est ce qu'a fort bien compris la Cour de Bordeaux dans un arrêt qui semble cependant, au premier abord, s'écarter un peu des principes assez généralement admis (2).

Un individu avait été surpris en relations intimes avec une femme, dans une vigne enclose de murs assez hauts pour protéger contre les regards des passants ; un témoin y entra et surprit l'acte indécent. La Cour déclara qu'il n'y avait cependant

(1) Journal de Droit Criminel, 1878, p. 30. — Dans le même sens, Tribunal correctionnel de Rouen, 25 mars 1881. — Journal du Ministère public, 1881, p. 78.

(2) Bordeaux, 22 septembre 1877. — Journal du Droit Criminel, 1878, p. 106.

pas outrage public à la pudeur parce que ce témoin n'avait pas le droit d'entrer dans la vigne, qu'il n'avait demandé à personne la permission de s'y rendre et que les délinquants pouvaient, par conséquent, se croire à bon droit protégés contre toutes les indiscrétions. Nous nous rallions complètement à la doctrine de cet arrêt, mais il semble qu'il n'est pas parfaitement en harmonie avec la jurisprudence en notre matière. En effet, peut-on dire que ceux qui se livraient ainsi à un outrage avaient pris toutes les précautions nécessaires pour se cacher ? Non, puisqu'ils ont pu, par hasard, être surpris. Il est vrai qu'on répondra victorieusement, avec la Cour de Bordeaux, que le témoin n'avait aucun droit de pénétrer, comme il l'a fait, dans la propriété d'autrui.

La Cour de Limoges a appliqué les mêmes principes dans une espèce contraire que nous aurons à examiner plus loin, en déclarant que des personnes surprises par hasard, mais par un individu ayant droit de pénétrer dans le lieu où s'accomplissait l'acte indécent, étaient punissables (1).

Les questions les plus délicates se sont posées au sujet des outrages à la pudeur commis dans des maisons particulières. C'est là, en effet, le lieu privé par excellence et il semble au premier abord qu'un outrage commis dans un tel endroit ne peut jamais revêtir un caractère suffisant de publicité pour arriver

(1) Limoges, 1er avril 1887. — D. 90. 2. 24.

à ce que les faits qui s'y commettent constituent le délit de l'article 330. Nous allons voir qu'il n'en est pas ainsi et que les Tribunaux ont relevé de nombreux cas d'outrage public à la pudeur commis dans des maisons particulières.

Tout d'abord, les maisons ont des parties qui sont communes à différentes personnes, à tous les locataires, par exemple, aux fournisseurs ou aux visiteurs venant dans l'immeuble. Ces endroits revêtiront un caractère de publicité, car à chaque instant quelqu'un peut s'y présenter. La Cour de Cassation l'a jugé le 26 mai 1853 pour une allée ; elle déclare qu'est public l'outrage à la pudeur commis dans l'allée d'une maison dont la porte donnant sur la rue était ouverte (1). Cette solution est conforme aux principes : en effet, de la rue on pouvait parfaitement voir ce qui se passait dans l'allée, puisque la porte était ouverte. Mais on devrait même appliquer l'article 330 si la porte de l'allée avait été fermée (pas de telle façon, toutefois, que personne ne pût entrer) ; en effet, le public ou les locataires de la maison, ayant la faculté de pénétrer à tout moment dans l'allée, pouvaient parfaitement voir l'acte immoral.

La Cour de Dijon a jugé dans le même sens qu'il y avait outrage public à la pudeur lorsque les actes indécents étaient commis dans un corridor commun aux divers locataires d'une maison, dont la cour

(1) Sirey, 1853. 1. 461.

était toujours ouverte et laissait ainsi en tout temps un accès facile au public (1).

Il est évident que dans cette hypothèse, le délit existait sans conteste : le public pouvait voir facilement les actes indécents commis dans le corridor. Mais *quid* d'un corridor commun à divers locataires qui serait fermé par une porte dont les dits locataires seuls auraient la clef? Ici encore, en appliquant le principe posé sur notre article, à savoir qu'il suffit que l'acte immoral *ait pu être aperçu* par certains témoin, il y aura outrage public à la pudeur; c'est que les locataires, en effet, pouvant rentrer chez eux ou en sortir à toute moment pourront apercevoir ce qui se passe dans le corridor; ils ont le droit de pénétrer dans le lieu clos où se commet l'acte immoral, ils peuvent en être les témoins et cela suffit pour constituer la publicité du délit de l'article 330.

Ce que nous disons de l'allée et du corridor doit évidemment s'appliquer aux escaliers d'une maison; ceux-ci, comme l'allée, ont pour but de desservir l'immeuble et revêtent un caractère certain de publicité. C'est ce qu'a jugé la Cour de Grenoble en déclarant que les escaliers d'une maison habitée où s'était commis un outrage à la pudeur avait été publics, même la nuit, parce qu'ils recevaient de la rue et des maisons voisines une certaine clarté, que

(1) Dijon, 23 avril 1879. — S. 79. 2. 231.

l'article 330 avait donc été violé et que la répression s'imposait (1).

En dehors des parties, pour ainsi dire, communes des maisons habitées, il y a ce qu'on appelle les *dépendances*. Dans celles-ci, on entre moins facilement que dans les premières ; elles ne sont pas accessibles à tous. Mais elles sont cependant destinées à recevoir un plus grand nombre de personnes, elles sont d'un accès plus faciles que l'intérieur même de l'habitation, on y pénètre plus librement. Aussi devra-t-on se montrer plus large au point de vue de la publicité, si l'outrage est commis dans un de ces endroits que s'il est commis dans la maison elle-même.

Une écurie est, bien entendu, un lieu privé ; l'outrage qui y est commis ne sera donc réprimé qu'au cas où il aura été entouré d'une certaine publicité, par exemple si la porte était ouverte, si les domestiques pouvaient y entrer librement pour soigner les animaux qui s'y trouvaient. Il en est de même si l'on peut apercevoir du dehors ce qui se passe à l'intérieur, alors que l'écurie est située de telle façon que le public peut s'en approcher. C'est ainsi qu'en a jugé la Cour de Bordeaux, le 1er septembre 1863, en déclarant que l'outrage commis dans une écurie ouvrant sur un terrain privé, mais servant de passage aux voisins,

(1) Grenoble, 8 avril 1864. — Journal des Arrêts de Grenoble et Chambéry, 1864, p. 200.

tombait sous l'application de l'articte 330 [1]. Au contraire, l'outrage commis dans une écurie qui serait fermée, ne constitueraient pas l'outrage public à la pudeur [2]. Il en serait encore de même si l'écurie, bien qu'ouverte, était plongée dans la plus profonde obscurité, si le fait avait eu lieu la nuit.

Ce que nous venons de dire de l'écurie d'une maison habitée s'applique aux remises, aux engrangements, en un mot, aux autres dépendances d'une habitation [3].

Certaines maisons particulières ont une dépendance qui donne souvent sur une cour commune, c'est la cuisine. Comment qualifiera-t-on un outrage à la pudeur commis dans une telle dépendance ? Dira-t-on que l'outrage commis dans ce lieu est public ou lui refusera-t-on ce caractère ? A première vue, l'application des principes semble conduire à déclarer que l'outrage est public ; en effet, une cour commune est ouverte sinon à tout venant, du moins à tous les locataires d'une même maison ; il y a donc le caractère de publicité relative qui suffit à la jurisprudence pour appliquer l'article 330. Aucun arrêt n'a été rendu sur une telle hypothèse. Il en est un toutefois de la Cour de Nancy, rendu en matière d'actes obscènes, commis dans une cuisine, qui mérite de retenir un instant l'attention.

(1) Journal des Arrêts de Bordeaux, 1864.

(2) Bordeaux, 1er juillet 1868. — Journal des Arrêts de Bordeaux, 1869, p. 100.

(3) Paris, 23 mars 1865. — Jurisprudence de la Cour de Paris, 1865, p. 211.

La cuisine dont il s'agissait dans l'espèce avait une fenêtre élevée qui ne permettait pas de voir depuis la cour commune ce qui se passait dans cette pièce sans se hausser à l'aide des mains. Il a été reconnu qu'il ne pouvait y avoir outrage public à la pudeur, et cependant les actes indécents qui s'étaient commis dans cet endroit avaient été pratiqués en présence d'un enfant de deux ans. La Cour a déclaré que l'article 330 ne pouvait cependant s'appliquer, car d'une part la publicité n'avait pu résulter de l'état des lieux, puisque pour voir les actes indécents il aurait fallu une sorte d'escalade, que d'un autre côté l'enfant d'un âge très jeune qui s'était trouvé être le témoin des actes lubriques n'avait pu en comprendre la portée et que conséquemment sa pudeur n'avait pu être blessée [1].

Cette décision nous semble fort juste, nous allons cependant voir dans la suite de notre étude que les Cours et Tribunaux se sont montrés souvent beaucoup plus sévères et ont apprécié avec plus de rigueur le manque de précautions permettant la vue des actes immoraux.

Nous en arrivons maintenant à l'étude de l'outrage commis dans l'intérieur même des appartements qui composent une demeure privée : ici encore les principes que nous avons développés sont appliqués par la jurisprudence, l'outrage n'est pas punissable

(1) Nancy, 24 juin 1879. — Jurisprudence de la Cour Nancy, 1879, p. 50.

quand il a été caché à tous ou quand il n'a été découvert que fortuitement, alors que toutes les précautions nécessaires avaient été prises pour le cacher. Mais combien les magistrats se montrent rigoureux lorsqu'il s'agit de déterminer si les précautions nécessaires ont été ou non prises! Depuis quelques années surtout les Cours et Tribunaux semblent se montrer de plus en plus sévères en ce qui concerne notre délit; des condamnations sont intervenues alors que les précautions les plus minutieuses avaient été prises et que le manque de précautions, s'il y en avait un, était un « infiniment petit ».

Parcourons quelques espèces intéressantes.

Si l'appartement dans lequel l'outrage est commis est situé au rez-de-chaussée, les précautions les plus grandes devront être prises pour dissimuler les actes immoraux, car il sera plus facile au public d'apercevoir ce qui se passe dans un tel appartement. C'est ainsi que la Cour de Colmar a jugé qu'il y avait eu outrage public à la pudeur lorsque les actes obscènes avaient été commis dans un appartement au rez-de-chaussée, prenant jour sur la voie publique, et dont les fenêtres étaient dépourvues de rideaux; et cependant, dans l'espèce, les dites fenêtres étaient élevées de 1 mètre 70 au-dessus du sol et les témoins des actes immoraux avaient dû se hausser pour parvenir à leur hauteur (1). Ce que la

(1) Colmar, 9 août 1859. — Recueil des arrêts de Colmar, 1862, p. 342.

Cour a voulu probablement punir, c'est ce manque de précautions consistant en l'absence de rideaux. Mais il est bien dur d'admettre complètement ce point de vue; cette circonstance de fait que les témoins ont dû se hisser pour arriver à prendre connaissance des actes immoraux, nous montre que la publicité ne résultait pas de l'état des lieux et nous préférons, pour notre part, nous rallier à la théorie adopté par la Cour de Nancy, le 24 juin 1879, dans l'arrêt que nous avons rapporté tout à l'heure (voir page 90)

La Cour de Bordeaux a jugé qu'un outrage commis dans un appartement au rez-de-chaussée était punissable si cet appartement dépourvu de rideaux donnait sur une cour commune de laquelle on pouvait apercevoir les actes impudiques (1). Cette décision ne fait qu'appliquer sainement les principes sur la matière.

Il a été jugé que l'acte indécent commis dans l'intérieur d'un appartement situé sur la rue, mais dont la porte n'était pas fermée à clef, constituait un outrage public à la pudeur.

Dans l'espèce, une personne était entrée sans difficulté dans l'appartement au moment où l'outrage se commettait ; la Cour de Dijon a déclaré que les éléments constitutifs du délit de l'article 330 se rencontraient dans ces faits, qu'il y avait bien eu, en effet, publicité, puisque par le manque de précau-

(1) Bordeaux, 16 mars 1887. — Journal du Ministère public, 1889, p. 94.

tions une personne quelconque avait été mise à même de découvrir l'acte obscène (1).

On doit, selon nous, critiquer cet arrêt, car ici on peut dire que le manque de précautions n'est pas absolument établi, qu'il n'est pas d'*habitude* et surtout qu'il n'est pas de *droit* d'entrer dans une maison particulière sans sonner ou sans frapper et que le manque de précautions qui a causé la publicité de l'outrage provient bien plus du témoin dont la pudeur a été outragée que des auteurs du délit.

C'est ce que semble avoir fort bien compris la Cour de Limoges dans une espèce analogue (2). Un individu avait surpris son co-locataire dans leur chambre commune au moment où il se livrait, avec une autre personne, à des actes indécents. La Cour déclare que la publicité était établie, car dans l'espèce, le témoin avait le droit absolu d'entrer dans l'appartement; qu'en y pénétrant, il n'avait fait qu'user de ce droit, qu'il n'avait lui-même aucune précaution à prendre et que le défaut des dites précautions devait être attribué aux délinquants. Mais le même arrêt a bien soin de faire remarquer que cette publicité ne s'appliquerait pas à toute autre personne que le co-locataire: « que dans les circonstances ordi-« naires et à l'égard de toute personne étrangères, le « fait que la porte était ainsi fermée (simplement

(1) Dijon, 28 juillet 1875. — Recueil des Arrêts de Dijon, 1876, p. 170.
(2) Limoges, 1er avril 1887. — D. 90. 2. 24.

« au loquet et sans clef), devait être considéré « comme constituant une précaution suffisante de la « part du prévenu pour se garantir contre le regard « des tiers, et cela avec d'autant plus de raison que « dans nos mœurs, il est d'usage qu'un étranger « qui veut pénétrer chez quelqu'un a soin de frapper « à la porte avant de l'ouvrir, mais qu'il ne faut « pas perdre de vue que la chambre dont il s'agit « était l'appartement commun de G... (le témoin), « et de la dame G... (la prévenue) ; qu'en entrant « comme il l'a fait dans cette chambre, le témoin « entrait chez lui, que les prévenus pouvaient et « devaient s'attendre à cette entrée, qu'en ne fermant « pas la porte à clef, ils n'ont pas pris des précau- « tions suffisantes... etc. »

Bien qu'il restreigne la publicité à la seule personne qui avait le droit d'entrer dans l'appartement, cet arrêt nous semble encore bien rigoureux. Ce qu'a voulu protéger le législateur, c'est bien moins la pudeur d'une personne déterminée que la pudeur du public en général et cette publicité toute relative qui ne peut s'appliquer qu'à un seul individu nous semble exagérée. Nous n'admettons donc cette décision que sous toutes réserves ; elle est cependant conforme à la jurisprudence en général.

L'appartement situé au rez-de-chaussée est donc considéré comme ne présentant pas de caractère de publicité si les faits n'ont pas été aperçus du dehors, Il va de soi que les appartements qui sont situés aux étages d'une maison suivent les mêmes règles :

si l'on a pu voir du dehors ce qui se passait dans l'appartement, l'outrage qui y aura été commis devra être réprimé, et il importe peu que ce soit d'un *lieu public*, comme une rue ou une place, ou d'un autre *lieu privé*, comme un appartement voisin ou une autre maison d'habitation, qu'on ait pu voir ce qui se passait dans l'appartement ; dans l'un et l'autre cas, il y aura publicité (1).

Une espèce célèbre a fait l'objet de différentes décisions de jurisprudence au point de vue qui nous occupe. Il s'agissait d'une scène de lubricité qui s'était passée dans les colonies. Des jeunes gens, après un dîner, avaient fait venir des femmes de mœurs légères ; ils s'étaient enfermés avec elles dans un pavillon et s'étaient livrés à des actes indécents ; ceux-ci avaient été aperçus du dehors ; certaines personnes, en s'approchant soit de la porte, soit des fenêtres devant lesquelles, cependant, les jalousies avaient été tirée, avaient pu remarquer les actes qui se passaient à l'intérieur du pavillon.

Le Tribunal de la Pointe-à-Pître, saisi de la question, avait déclaré qu'il y avait outrage public à la pudeur, que les conditions de publicité étaient suffisantes, puisqu'on avait pu voir du dehors ce qui s'était passé. La Cour de la Guadeloupe infirma ce jugement en déclarant que les prévenus, ayant

(1) Cassation, 7 avril 1859. — S. 59. 1. 434.
Cassation, 28 avril 1881. — Journal du Ministère Public, 1882, p. 49.
Douai, 15 mai 1872. — Jurisprudence de la Cour de Douai, 1872, p. 40.

baissé les jalousies, fermé la porte à clef, avaient pris toutes les précautions nécessaires pour ne pas être vus, que dès lors ils n'avaient pas outragé la pudeur publique, puisqu'ils se trouvaient dans un lieu privé. La Cour de Cassation brisa cette décision en déclarant que toutes les précautions nécessaires n'avaient pas été prises, puisqu'on avait bien pu voir du dehors sans changer l'état des lieux, sans qu'aucun fait des témoins soit venu déranger la disposition du local, qu'il y avait donc la publicité requise par l'aticle 330 (1). Elle renvoya l'affaire devant la Cour de la Martinique.

Devant celle-ci, les débats recommencèrent et un arrêt intervint, renvoyant à nouveau les prévenus des fins de la plainte. Mais il faut dire que l'instruction, devant cette dernière juridiction, avait révélé des faits nouveaux : il avait été démontré que les témoins des actes obscènes avaient fait tomber un morceau de papier bouchant le trou de la serrure, et qu'ils avaient également soulevé les lamelles des jalousies.

La Cour de Cassation, qui eut à dire son dernier mot, sur un pouvoir du Ministère Public, se rangea à la doctrine de l'arrêt de la Cour de la Martinique, en constatant que c'était sur un point de fait nouveau que cette juridiction avait jugé, qu'il avait été démontré, en effet, que, contrairement aux dires

(1) Cassation, 18 mars 1858. — D. 58. 1. 561.

du premier arrêt, les témoins avaient changé l'état des lieux (1).

Ces deux décisions de la Cour suprême vont nous permettre de voir un nouvel élément dans la question qui nous occupe ; il a été déterminé par la jurisprudence : c'est qu'il y a « publicité », alors seulement que les témoins ont pu voir ce qui se passait dans un lieu privé sans rien changer à l'état des lieux, sans rien toucher de ce qui existe ; si, au contraire, les témoins ont voulu voir et que, pour satisfaire leur curiosité, ils aient cherché à changer l'état de choses existant, à déjouer les précautions prises par les auteurs des actes immoraux, il n'y a pas à appliquer l'article 330, il n'y a pas, en effet, de véritable publicité. Nous aurons, du reste, à revenir sur cette question quand nous parlerons plus loin de la *curiosité malsaine*. Pour l'instant, ce qu'il nout faut constater, c'est que les Cours et les Tribunaux ont toujours posé ce principe que l'outrage public n'existait pas lorsque les témoins avaient changé l'état des lieux. Outre les deux arrêts de Cassation que nous venons de rapporter et qui sont bien typiques sur cette question, nous rencontrons deux décisions de la Cour de Bordeaux qui posent le principe d'une façon aussi nette. C'est d'abord un arrêt du 16 février 1859 qui porte qu'il y a outrage public, puisque c'est « sans le chercher « et par la seule disposition des lieux que les

(1) Cassation, 11 mars 1859, D. 59. 1. 626.

« témoins ont été spectateurs de l'acte immoral » ; c'est ensuite l'arrêt, de la même Cour, du 1er Juillet 1868 (déjà cité page 89), disant que l'acte indécent doit avoir été vu par certaines personnes « sans qu'elles l'aient cherché et sans qu'elles aient « eu à déjouer des mesures de précaution. »

Ces principes n'ont point été violés dans l'espèce suivante ainsi qu'il le semblerait au premier abord : un outrage à la pudeur avait été commis dans une pièce servant de boulangerie. La Cour suprême a déclaré que la publicité avait été suffisante par ce fait qu'une personne avait vu ce qui s'était passé en appliquant sa figure contre les carreaux de ladite pièce ; dans l'espèce, en effet, la saleté des carreaux étoit telle, que l'on ne pouvait voir du dehors sans approcher complètement les yeux.

Cette décision, avons-nous dit, ne viole pas les principes que nous venons d'indiquer, puisque, pour se rendre compte du délit, le témoin n'avait nullement eu à changer l'état des lieux ; il n'avait eu qu'à regarder, de près il est vrai, mais sans déranger quoi que ce soit pour arriver à apercevoir les actes obscènes. Il n'y avait pas eu davantage, de la part de ce témoin, de curiosité malsaine, car il n'était autre que le propriétaire de la maison et il avait le droit le plus absolu, à ce titre, de se rendre compte de ce qui se passait dans son immeuble (1).

Il est des cas où les actes immoraux commis dans

(1) Cassation, 28 avril 1881. — Journal du Ministère public, 1882, p. 49.

un lieu privé ont eu des témoins par le seul effet du hasard, alors que les auteurs de ces actes avaient pris toutes les précautions nécessaires pour ne pas être vus. C'est dans le cas d'accident. Si l'outrage n'a été perçu qu'à la suite d'un accident imprévu, d'un coup de vent, par exemple, qu'on ne pouvait présager et qui ouvrirait la fenêtre d'un lieu privé où se trouvent renfermés ceux qui se livrent à des actes obscènes, il n'y aura certainement pas lieu d'appliquer l'article 330.

Par application du même principe, si des témoins pénètrent de force dans un endroit clos où se commettent des actes impudiques, ceux-ci n'en revêtiront pas pour cela le caractère d'outrage public à la pudeur. Il en a été ainsi jugé par la Cour d'Orléans pour des amis qui, sachant des personnes de leur connaissance en des rapports intimes, avaient pénétré de vive force dans la chambre où se trouvaient ces personnes (1).

On peut ajouter, du reste, que dans l'espèce ces témoins avaient fait preuve d'une curiosité malsaine qui s'oppose, comme nous l'indiquerons plus loin, à ce qu'il y ait lieu à l'application de notre article.

A l'inverse de l'espèce que nous venons de citer, il a été jugé qu'un individu qui pénétrait de vive force dans une maison et y découvrait ses nudités était coupable d'outrage public à la pudeur. Cette

(1) Orléans, 11 novembre 1861. D. 62. 2. 9.

décision nous parait des plus naturelles et si nous avons voulu la rappeler, c'est parce qu'il nous semble bizarre que la Cour de Rouen ait cru devoir y consacrer d'assez longs motifs (1).

Une question intéressante se pose au sujet des domestiques et des membres d'une même famille qui, par leur situation et leur communauté de vie, peuvent être quelquefois témoins d'actes contraires à la décence. Ces actes revêtiront-ils, par suite de la présence de ces témoins spéciaux un caractère de publicité suffisant pour tomber sous le coup de notre article 330 ? La jurisprudence avait tout d'abord semblé pencher dans le sens de l'affirmative. C'est ainsi qu'une nuit de Noël deux couples s'étant réunis et ayant eu des rapprochements sexuels, devant un jeune apprenti qui faisait leur service, le Tribunal d'Orléans et après lui la Cour de cette ville avaient jugé qu'il y avait dans ces faits un outrage public à la pudeur. Il n'y avait, disaient ces décisions, à la vérité, qu'un seul témoin ; l'acte répréhensible n'avait pas eu pour but de choquer ses sentiments moraux, mais il n'y en avait pas moins eu une atteinte portée à la pudeur publique, puisqu'un témoin avait été appelé à regarder ces actes, puisqu'il s'était rendu compte de l'immoralité de ce qui se passait devant lui. L'avocat général qui requérait dans cette affaire s'appuyait sur une

(1) Rouen, 21 novembre 1882. — Recueil des arrêts de Caen et Rouen 1882, 2e p., p. 274.

décision semblable rendue quelques années auparavant par la même Cour, disant que pourvu qu'un seul témoin puisse voir l'acte incriminé, il y a publicité (1).

Mais la Cour de Cassation brisa cette décision, déclarant que dans l'espèce « le témoin étant un « domestique et bien que l'acte imputé aux pré-« venus fût, de sa nature, un outrage aux mœurs, « il n'y avait pas eu outrage public à la pudeur (2). »

Cet arrêt est, à la vérité, faiblement motivé, mais on peut cependant dire qu'il tient compte d'une situation de fait qui ne laisse pas que d'être intéressante. Il est certain que les domestiques employés dans une maison peuvent y surprendre bien des secrets, peuvent pénétrer d'une façon inopinée dans un appartement où des époux peuvent par exemple se croire en sûreté! Faudrait-il donc dire que, dans ce cas encore, il y a lieu d'appliquer l'article 330? Nous ne le croyons pas. Nous serions cependant portés à nous ranger parfois du côté de la Cour d'Orléans et à dire que lorsqu'il y aura eu de véritables actes lubriques, commis en dehors du mariage, surtout devant un jeune adulte, comme dans l'espèce précitée, on rencontre bien dans ces faits tous les éléments de l'outrage public à la pudenr.

La question qui s'est posée pour les domestiques a également été soulevée, avons-nous dit, en ce qui concerne les membres d'une même famille.

(1) Orléans, 23 février 1869. — D. 69. 1, 305 et 11 novembre 1861. D. 62. 2 9.
(2) Cassation, 23 avril 1869. — D. 69. 1. 305.

On s'est demandé si, lorsque les personnes qui auraient aperçu les actes obscènes se trouvaient être des parents habitant avec l'un des auteurs du délit, il y aurait lieu d'appliquer notre article. La jurisprudence s'est divisée et les Tribunaux n'ont pas tous jugé de la même façon. Nous avons eu l'occasion de citer plus haut une espèce dans laquelle un petit-fils, surprenant sa grand'mère en train d'accomplir des actes immoraux avait été considéré comme un témoin dont la pudeur outragée pouvait servir de base à une condamnation. (Arrêt de la Cour de Limoges du 1er avril 1887, rapporté page 93).

Le Tribunal correctionnel de Périgueux a jugé, au contraire, que l'acte indécent surpris par une personne de la famille de l'auteur de cet acte, ne constituait pas un délit tombant sous l'application de l'article 330 [1]. Ce jugement fait à peu près le même raisonnement que nous formulions tout à l'heure au sujet des gens de service. Il est certain que les relations existant entre personnes d'une même famille permettent souvent de surprendre des choses qu'un étranger ne pourrait connaître. Il n'en est pas moins vrai que, vue à la rigueur des principes, cette théorie semble contraire à ce que nous avons exposé et à l'application faite par la jurisprudence de la Cour de Cassation de notre article. C'est qu'il

(1) Périgueux, 26 mai 1885. — Gazette du Palais 1885, 2e partie supplément p. 124.

faut bien répéter encore que dans cette matière, les Tribunaux ont le plus souvent jugé *en fait*, que ce qu'il ont frappé c'est moins la publicité réelle que l'outrage qui a pu être fait à la pudeur du témoin de l'acte immoral. C'est pourquoi ils se montrent beaucoup moins difficiles sur le caractère de la publicité quand il s'agit par exemple, de protéger des enfants ou des jeunes filles ; c'est quelquefois la méchanceté de l'acte, sa gravité qu'ils veulent atteindre, se préoccupant peu, dans certains cas, de donner une entorse aux principes qu'ils ont eux-même posés.

Le dernier état de la jurisprudence en matière de publicité semble se fixer dans un sens de plus en plus large : l'article 330 est applicable lorsque l'outrage, même commis dans un lieu privé dans lequel on ne pouvait accéder, a eu un ou plusieurs témoins, ceux-ci fussent-ils même victimes de l'acte obscène.

La Cour suprême a rendu sur cette matière, il y a plusieurs années, un arrêt important qu'il nous faut examiner. Nous avons déjà eu l'occasion d'en parler lorsque nous avons traité la question de savoir si la publicité de l outrage pouvait résulter de sa perception par un autre sens que celui de la vue ; à ce moment, nous n'en avons dit qu'un mot, nous réservant de l'analyser plus longuement lorsque nous serions arrivés au point que nous traitons maintenant.

Nous croyons nécessaire d'exposer à nouveau les

faits : Dans le courant de l'année 1877, un individu pénétra un soir dans une écurie où une femme et sa fille étaient couchées pour y passer la nuit. Cette écurie était loin de tout chemin public, elle n'était éclairée par aucune lumière et le ciel qui était couvert ne permettait pas de voir ce qui se passait à l'intérieur. L'individu se jeta d'abord sur la mère et voulut avoir avec elle des rapports intimes ; elle se débattit et s'échappa des mains de son agresseur. Celui-ci s'empara alors de la jeune fille et, comme le constate le jugement, la contraignit à toucher ses nudités. Cette jeune fille se mit à crier, parvint également à se soustraire à son agresseur qui prit la fuite. Les faits ayant été portés à la connaissance de la justice, on estima qu'ils ne constituaient pas un attentat à la pudeur, mais l'inculpé fut traduit devant le Tribunal de Saint-Jean-de-Maurienne qui le condamnait, le 18 mai 1877, pour outrage public à la pudeur. La Cour de Chambéry confirma ce jugement le 22 juin suivant : le condamné se pourvut contre l'arrêt qui le frappait.

M. l'Avocat général Lacointa, qui prit la parole devant la Cour de Cassation, conclut à l'admission du pourvoi. Pour lui, l'outrage public à la pudeur existe dans deux cas : quand il a été commis dans un lieu public par sa nature ou par sa destination ou lorsque, commis dans un lieu privé, les actes impudiques ont pu être aperçus du dehors, même fortuitement. Mais, ajoutait-il, la publicité ne peut aller au-delà ; quand les témoins de l'acte en auront été en même temps les victimes, il ne peut être question d'outrage public. Le savant magistrat citait tout d'abord à la Cour suprême, sans s'y arrêter autrement, une série de décisions rendues par la Chambre criminelle et qui toutes étaient dans ce sens : Cassation 18 mars 1858, 23 décembre 1858, 21 novembre 1861, 16 décembre 1862.

Mais il s'appuyait surtout sur deux arrêts plus récents et qui lui paraissaient typiques et presque semblables à l'espèce que la Cour devait examiner. C'était tout d'abord un arrêt du 23 avril 1869, rendu au rapport de M. le conseiller Guyhot. Il s'agissait d'une scène de débauche commise dans un lieu privé et clos, mais qui avait eu pour témoin un individu appelé par les inculpés pour faire leurs commissions. La Cour suprême avait acquitté les auteurs de ces faits, déclarant que ce seul témoin, domestique des prévenus, n'avait pu constituer une publicité suffisante.

L'autre arrêt du 8 novembre 1872 avait été rendu au rapport de M. le conseiller Zangiacomi : il s'agissait d'un individu qui s'était rendu chez une femme et avait eu avec elle des rapports. Pendant cette scène, entrait la fille de cette femme qui, elle aussi, subit, mais de bon gré, les lubricités de l'amant de sa mère.

Le Tribunal de Fontainebleau avait condamné cet individu pour outrage public à la pudeur; la Cour de Paris avait infirmé cette décision. Le Procureur général se pourvut devant la Cour suprême, prétendant que les actes obscènes avaient eu pour témoin la fille avant qu'elles ne fut l'objet des atteintes immorales et que la mère avait ensuite servi de témoin aux actes de prostitution de sa fille. La Cour de Cassation rejeta le pourvoi « attendu, dit-elle, « que les actes ont été commis dans un lieu privé, « sans autre témoin que les victimes de ces actes, « et qu'il n'y avait, par conséquent, pas le caractère « de publicité requis par l'article 330 ».

Dans l'espèce soumise à la Cour à la suite de l'arrêt de Chambéry, disait alors M. Lacointa, il semble que la publicité existe encore moins que dans les deux hypothèses précédentes : outre que personne n'avait vu et n'avait pu voir (ce qui était déjà un point capital dans le débat) les actes reprochés au prévenu, il n'y avait eu véritablement aucun témoin, la mère et la fille ne pouvant jouer, l'une vis-à-vis de l'autre, un rôle testimonial.

Malgré ces conclusions, la Cour de Cassation confirma l'arrêt de la Cour de Chambéry. Elle sembla tout d'abord admettre, comme nous l'avons dit plus haut, mais sans s'y arrêter, que l'outrage à la pudeur pouvait être perçu par un autre sens que par celui de la vue; mais elle déclara également que quand deux personnes étaient victimes d'actes lubriques, elles étaient, l'une à l'égard de l'autre, un témoin suffisant pour donner à l'acte la publicité de l'article 330.

Nous ne saurions admettre cette théorie. La Cour

suprême a évidemment forcé les principes en déclarant que l'acte obscène qui lui était soumis avait pu porter atteinte à la morale publique. C'était l'avocat général qui, évidemment, avait raison, et l'arrêt du 8 novembre 1872 avait fait, celui-là, une saine application de la loi. Mais il est probable que la Cour n'a pas voulu laisser sans châtiment le coupable d'un véritable attentat ; les faits, dont la gravité était évidente, ont pesé sur sa décision plus que toute autre raison. C'est que la Cour suprême se trouvait désarmée et ne pouvait pas faire ce qu'auraient pu, soit les premiers juges, soit la Cour de Chambéry ; il eut été facile, en effet, de poursuivre l'auteur de l'attentat sinon pour attentat à la pudeur, tout au moins pour violences et voies de fait. On aurait pu, en lui appliquant de ce chef une peine sévère, satisfaire l'esprit de justice et éviter en même temps une entorse à la loi.

Cet arrêt est en effet fort regrettable au point de vue des principes, car il a entraîné les tribunaux à étendre la publicité de l'article 330 très certainement en dehors des limites prévues par le législateur ; c'est ainsi que la Cour d'Aix a jugé dans une hypothèse presque semblable à celle que nous venons d'examiner, qu'il y avait outrage public à la pudeur (1).

La Cour de Douai est allée plus loin encore dans cette voie : elle a déclaré que lorsque l'acte obscène

(1) Aix, 21 novembre 1884. — Journal des Parquets, 1886, 2. 14.

se produisait dans un lieu privé, loin des regards du public, toutes les précautions étant prises pour empêcher une indiscrétion, il constituait cependant un outrage public à la pudeur lorsqu'une personne avait été en même temps le témoin et pour ainsi dire la victime de cet acte. Un individu avait entraîné chez lui un enfant de huit ans, s'était couché sur son lit et, malgré les protestations et les larmes de l'enfant, lui avait fait voir ses parties sexuelles. Le Tribunal de Valenciennes devant lequel l'individu avait été traduit sous l'inculpation d'outrage public à la pudeur avait acquitté le prévenu. La Cour de Douai réforma cette décision le 10 juillet 1895, déclarant que dans l'espèce « l'enfant n'était « pas une victime, qu'il constituait un témoin et « que la publicité spéciale de l'article 330, lorsque « le fait se commet dans un lieu privé, se caractérise moins par le nombre des témoins qui ont « vu ou ont pu voir, que par l'atteinte portée à la « pudeur d'autrui ; que le nombre des témoins en « pareil cas est donc une circonstance indifférente « et qu'un seul témoin involontaire de l'acte obscène « a droit à la protection de la loi au même titre « que plusieurs personnes réunies » (1).

On trouve déjà, dans un arrêt de la Cour de Lyon du 18 Juillet 1883, comme l'embryon de ce nouvel élément que l'arrêt de la Cour a développé,

(1) Douai, 10 juillet 1895. — Pandectes françaises. Recueil chronologique 1896, 2e partie, page 129.

c'est-à-dire la distinction entre le témoin volontaire d'un acte immoral et le témoin qui aura été forcé d'assister aux scènes incriminées. La Cour de Lyon admet, en effet, que la publicité de l'acte immoral peut résulter de la présence d'un seul témoin, mais elle met à sa doctrine ce correctif que le témoin ne doit pas être venu de plein gré, sachant ce qui allait se passer, pour voir l'acte immoral (1).

L'arrêt de la Cour de Douai a été analysé et discuté dans une note remarquable contenue dans le recueil des Pandectes françaises sous l'arrêt précité, par M. Chauveau, professeur à la Faculté de droit de Rennes. Ce jurisconsulte se demande si l'espèce qui était soumise à la Cour comportait bien l'application de l'article 330. Il commence par examiner la doctrine générale de l'outrage public à la pudeur, il l'expose, il l'analyse, il en marque les différentes étapes d'après la jurisprudence, puis il discute le point de savoir si la présence d'une seule personne à des actes obscènes commis dans un lieu privé peut constituer la publicité de l'outrage public à la pudeur. Il montre d'abord que la doctrine semble presqu'unanimement réprouver l'affirmative, que l'article 330 comporte le mot « outrage public », que ce n'est pas toute atteinte portée à la pudeur d'autrui, mais seulement à la pudeur publique que que le législateur a voulu réprimer. Tout en reconnaissant le valeur des objections qui sont ainsi

(1) Moniteur judiciaire de Lyon du 10 décembre 1883.

faites, il ne s'y arrête pas et approuve la décision de la Cour de Douai. Il fait une distinction subtile que nous n'avons pas encore rencontrée jusqu'ici dans l'étude que nous avons faite et qui apparaît pour la première fois dans la doctrine et la jurisprudence : il a l'air, et l'arrêt l'avait fait avant lui, de distinguer entre l'outrage perçu pour ainsi dire accidentellement par un témoin unique et l'outrage *imposé* à une personne.

Si les magistrats de Douai ont condamné, si M. Chauveau approuve leur décision, c'est que, pour tous les deux, l'outrage revêtait un caractère particulier de gravité; il avait été *imposé* à une personne qui, sans être absolument la victime, avait cependant vu sa pudeur blessée d'une façon très grave.

Bien que les raisons que donne M. Chauveau de son opinion soient sans contredit très pressantes et fort bien déduites, nous ne saurions nous y rattacher et admettre avec lui qu'on puisse appliquer l'article 330 dans l'espèce qui était en litige. Nous l'avons dit plus haut, ce que le législateur a voulu réprimer, ce qu'il a voulu empêcher, c'est l'atteinte portée à la pudeur d'autrui, mais d'une façon publique. Il a eu en vue l'organisation sociale et son maintien, le bon ordre de la rue bien plus que la protection des bonnes mœurs.

M. Chauveau l'a si bien compris, qu'avec son tact de jurisconsulte, il a senti le point faible de sa discussion, il revient sans cesse à ce mot « public » de l'article 330 et il se sent contraint, après avoir dit que l'outrage public à la pudeur c'est l'acte contraire à la pudeur accompli devant témoins, au mépris des conventions sociales, d'ajouter : « Cette formule « n'aboutit pas à la suppression du mot *public* « contenu dans l'article 330, c'est l'interprétation « raisonnable des mots *outrage public à la pudeur.* » Eh bien! contrairement à cette assertion, à quoi aboutissent, à notre sens, l'arrêt de Douai et M. Chauveau? C'est à la suppression complète du mot « public » dans l'article 330. Peu importe alors les conséquences que semble en tirer l'arrêtiste au point de vue du nombre des témoins; lorsqu'on sera dans un lieu privé, dit-il, on pourra donc alors amener quinze, vingt personnes et, à condition de fermer les portes, se livrer devant elles à des actes obscènes. Cette réfutation par l'absurde ne tient pas un seul instant contre un examen critique : tout le monde sent qu'il y a une grande différence entre une réunion de plusieurs personnes et la présence d'un seul témoin; reprenant les expressions de M. Chauveau lui-même, ce que le législateur a voulu punir, c'est l'atteinte portée à la pudeur résultant des conventions sociales; or, comment soutenir que les conventions ne sont pas blessées par un acte impudique commis dans une réunion, même privée? Bien que la publicité de l'article 330 soit une publicité toute spéciale, il ne faut pas perdre de vue qu'en d'autres matières c'est la réunion de plusieurs personnes qui donne un caractère de publicité à des actes qui seraient regardés comme privés s'ils avaient été commis devant une seule personne.

Il faut donc dire que la Cour de Douai est allée trop loin. Ce qui l'a encore entraînée, c'est la grave immoralité de l'acte qui lui était soumis ; mais il ne faut pas oublier que si, peu à peu, comme semble l'avoir fait dans ces dernières années la jurisprudence, on restreint le caractère de publicité, on finira par l'éliminer et par changer complètement l'esprit de l'article 330. Ce ne sera plus l'outrage public à la pudeur qu'on punira, mais bien l'outrage à la pudeur en général, dénué de tout élément de publicité. Ce but doit-il être atteint législativement? C'est ce que nous aurons à nous demander plus loin. Pour l'instant, nous ne pouvons que constater cette tendance de la jurisprudence. Nous ne pouvons que la blâmer, car c'est en droit pénal surtout qu'il est dangereux d'étendre les principes ; on arrive ainsi facilement à l'arbitraire.

Il est cependant aisé de comprendre quels sentiments ont guidé les Cours et les Tribunaux. C'est que dans notre droit répressif, le délit de l'article 330 est pour ainsi dire un délit *subsidiaire*, ou mieux un délit *à côté;* étant donné les principes qui ont présidé à la rédaction de notre loi pénale, des faits d'une immoralité révoltante sont laissés de côté et impunis. Lorsque les magistrats se sont trouvés vis-à-vis de pareils scandales, on comprend qu'ils aient étendu tant soit peu dans leur appréciation les principes de l'outrage public à la pudeur et qu'ils aient essayé, sous l'empire de certaines idées de philosophie et de morale, à frapper ces scandales en les faisant rentrer dans le cadre de notre délit.

Mais il importe de le répéter : il y a là une tendance dangereuse. Quand la loi est mal faite ou insuffisante, c'est au législateur qu'il appartient d'intervenir ; le juge n'est point chargé d'amender ou d'étendre son œuvre.

APPENDICE AU CHAPITRE VI

De la curiosité malsaine

Nous venons de voir combien la jurisprudence s'est montrée rigoureuse en matière d'outrage public à la pudeur, nous avons remarqué qu'elle a étendu même un peu trop, à notre avis, la publicité de l'article 330, qu'elle a puni, dans bien des cas, des individus dont les actes obscènes n'avaient véritablement pas eu une réelle publicité. Il est cependant un cas où elle a toujours refusé, et à bon droit, d'appliquer l'article 330 : c'est lorsque la publicité de l'acte immoral n'est que le résultat de la curiosité malsaine des témoins. Il arrive souvent que des actes immoraux ou seulement indécents, en tout cas susceptibles de blesser la pudeur, ont eu des témoins; mais ces témoins n'ont pu voir ce qui se passait dans un lieu privé que contrairement à la volonté des auteurs des actes impudiques ; ceux-ci avaient pris toutes les précautions nécessaires pour ne pas être vus : ils s'étaient enfermés, ils avaient bouché les ouvertures par lesquelles un regard indiscret aurait pu pénétrer jusqu'à eux, ils se croyaient en sûreté; mais il est arrivé que des personnes curieuses ont voulu voir ce qui se passait et que, par un moyen quelconque, soit en changeant l'état des lieux, soit en employant une façon de voir qui ne pouvait être prévue par les auteurs des actes impudiques, elles ont été témoins des dits actes. Ceux-ci, bien que revêtant à la fois les deux caractères d'actes outrageant la pudeur et de publicité, ne tomberont pas sous le coup de l'article 330.

Cette théorie est facile à justifier.

Tout d'abord, nous avons vu que la jurisprudence n'admet pas qu'il y ait outrage public à la pudeur quand les témoins ont changé l'état des lieux. Il n'y a là, à proprement parler, qu'une application de de notre principe. Celui-ci s'explique par des considérations morales qu'on aperçoit de suite : en effet, ceux qui, poussés par une curiosité malsaine, sont devenus les témoins des actes immoraux peuvent se ranger dans deux catégories : ou bien ils ont obéi eux-mêmes à une pensée impudique, à un sentiment de lubricité ; ils ont voulu se créer des sensations malsaines par la vue d'actes immoraux ; dans ce cas, on ne peut pas dire que leur pudeur soit blessée ; le législateur n'avait pas à protéger des individus qui recherchent eux-mêmes des sensations mauvaises ; ces témoins sont pour ainsi dire devenus, au point de vue moral, des coauteurs des actes de la scène d'immoralité, il n'y a donc pas vis-à-vis d'eux outrage, et la loi ne saurait intervenir. Ou bien les témoins des actes obscènes n'ont pas recherché les sensations dont nous venons de parler ; ce ne sont pas des êtres immoraux ayant voulu assouvir une passion honteuse ; ce sont de simples curieux ayant voulu, par une indiscrétion de mauvais aloi, savoir ce qui se passait chez les autres. Ceux-là non plus ne méritent pas la protection de la loi et si leur pudeur a été blessée, et elle a pu l'être, ils n'ont qu'à s'en prendre à leur propre imprudence. On ne peut faire peser sur des personnes qui, au point de vue moral, peuvent même ne pas être coupables (car nous savons que l'outrage public à la pudeur peut consister dans des actes que ne réprouve nullement la morale, comme des rapprochements entre époux, par exemple) un délit qui n'aurait d'autre source que la curiosité des témoins.

La jurisprudence est très ferme sur cette théorie et elle en a fait plusieurs fois l'application. C'est ainsi qu'elle a jugé, comme nous l'avons vu, que lorsqu'un acte immoral était commis dans un endroit clos, fermé par des jalousies, mais que celles-ci avaient été ouvertes par les témoins, il ne tombait pas sous le coup de l'article 330. Il a été jugé dans le même sens qu'il n'y avait pas outrage lorsqu'un acte immoral avait été vu par une personne qui, pour arriver à en être le témoin, s'était introduite dans l'intérieur d'une maison et avait fini par pouvoir passer la tête à travers deux portes qui joignaient mal (1).

(1) Cassation, 5 juin 1874. — Bulletin officiel Chambre criminelle n° 158.

On pourrait citer un grand nombre d'autres décisions par lesquelles la Cour suprême ou les juridictions d'appel ont refusé d'appliquer l'article 330 lorsque les témoins de l'acte immoral n'avaient revêtu cette qualité que grâce à une curiosité malsaine. C'est ainsi qu'elles refusent le caractère de publicité aux actes qui n'ont été découverts que parce que les témoins se sont haussés les uns sur les autres pour arriver à la hauteur du premier étage, qu'ils ont grimpé sur un mur de clôture, qu'ils ont appliqué leur œil avec persistance à un petit coin d'une vitre dépolie de façon à voir ce qui se passait dans l'intérieur d'une habitation, qu'ils ne sont enfin devenus témoins qu'en pénétrant dans une propriété ou dans une maison dans lesquelles ils n'avaient nullement le droit d'accès et en commettant ainsi une véritable violation de domicile (1).

Une nouvelle application de ces mêmes principes vient d'être faite tout récemment par le Tribunal et la Cour de Lyon : un individu s'était enfermé dans des cabinets d'aisance publics avec un enfant afin d'y commettre des actes obscènes. Il avait été remarqué et suivi par un autre individu qui se hissa de façon à atteindre une imposte se trouvant au-

(1) Lyon, 18 juillet 1883. — Gazette du Palais 1884. 1. Suppl^t 5.
Bordeaux, 14 mars 1883. — Journal des Arrêts de Bordeaux 1883, p. 128.
Paris, 2 février 1882. — Journal *Le Droit* du 27 février 1882.
Paris, 2 février 1881. — Gazette du Palais 1882. 1. 423.
Amiens, 22 janvier 1881. — Recueil des Arrêts d'Amiens 1881, p. 47.
Rouen, 22 novembre 1882. — Recueil des Arrêts de Caen et Rouen 1882. 2. 274.

dessus de la porte et qui assista ainsi aux actes lubriques qui se passaient dans l'intérieur. L'auteur des faits immoraux fut poursuivi, mais acquitté par le Tribunal. Le Ministère public ayant interjeté appel, la Cour, par arrêt du 2 mars 1896, confirma la décision des premiers juges. Le témoin n'avait nullement eu besoin, pour voir les actes obscènes, de changer quoi que ce soit à l'état des lieux, mais il ne pouvait non plus être question de sa pudeur puisque, d'après ses propres aveux, il se doutait bien que les deux individus s'étaient réunis pour commettre des actes contraires à la morale.

On ne peut qu'approuver toutes ces solutions de la jurisprudence. Notre délit a déjà été par trop étendu et il est heureux que les Tribunaux aient compris qu'ils ne devaient point leur protection à ceux qui se rendaient coupables d'indiscrétions malsaines.

CHAPITRE VII

De l'intention

Dans notre législation, un délit se compose toujours de deux éléments : l'élément matériel, le fait qui donne naissance à la répression, et l'élément intentionnel, c'est-à-dire la volonté par l'agent de braver la loi, de commettre une infraction aux règles sociales. Certaines infractions sont punissables en dehors de toute intention ; le fait matériel en dehors de toute volonté de braver la loi, de toute pensée mauvaise ou délictueuse donne cependant lieu à l'application d'une peine. C'est ce qu'on appelle les délits-contraventions ou délits contraventionnels.

Dans laquelle de ces deux catégories va-t-il falloir ranger le délit dont nous nous occupons ? L'outrage public à la pudeur est-il un délit contraventionnel ? Est-il punissable en dehors de toute intention ? Il est évident que la faute dont nous nous occupons est trop grave, les peines de l'article 330 sont trop élevées pour qu'on puisse penser un seul instant à considérer l'outrage public à la pudeur comme un délit-contravention. On ne peut s'imaginer qu'en dehors de toute volonté mauvaise, que par l'effet d'un hasard, d'un accident une personne puisse être condamnée en vertu de l'article 330.

Il faut donc reconnaître que l'outrage public à la pudeur doit, pour exister, réunir les éléments de tout délit correctionnel, à savoir le fait matériel, générateur du délit, et l'intention par l'agent de commettre ce délit. Mais il ne faut pas aller trop loin et il faut bien s'expliquer ce qu'est ici l'intention. Elle porte sur l'outrage lui-même bien plus que sur la publicité ; il ne sera pas nécessaire que le délinquant ait voulu rendre public son outrage, qu'il ait eu l'intention de causer du scandale pour qu'il y ait délit ; les délinquants en cette matière recherchent presque toujours l'ombre et le mystère, se cachent autant que possible aux yeux du public, mais entraînés par leurs passions ils ne craignent pas de se livrer à des actes obscènes dans de telles conditions qu'ils seront ou pourront être vus. Ici l'élément intentionnel est, comme le dit fort bien M. Garraud « dans la conscience d'offenser la pudeur ». Quant à la publicité, il n'y a pas à rechercher si elle a été volontaire ou non ; l'absence des précautions les plus sérieuses suffit pour entraîner l'application de l'article 330.

A ce point de vue cependant les auteurs ne sont pas complètement d'accord. MM. Chauveau et Hélie distinguent entre les outrages publics à la pudeur [1] ;

(1) Chauveau et Hélie. — Théorie du Code pénal, tome IV, p. 211.

pour eux, certains actes immoraux « par leur « cynisme et leur immoralité emportent par le seul « fait de leur existence matérielle la preuve de l'in- « tention impudique qui a animé l'agent. Les autres « ne blessent pas par eux-mêmes l'honnêteté et la « décence et ne deviennent répréhensibles que lors- « que l'agent, par le mode ou les circonstances de « leur perpétration et surtout par l'intention qui le « dirige, en fait un sujet de scandale. »

Dans le premier cas, d'après ces auteurs, l'intention serait toujours présumée, elle s'élèverait pour ainsi dire à la hauteur d'une présomption *juris et de jure* qui ne saurait être combattue.

Dans le second cas, l'agent serait admis à démontrer sa bonne foi; les circonstances mêmes qui auraient entouré l'acte qui lui est reproché pourraient prouver qu'il n'avait nullement l'intention d'outrager la pudeur ; il devrait donc être relaxé. M. Le Poittevin va jusqu'à penser que sans avoir nettement formulé cette doctrine, la Cour de Cassation l'a faite sienne et l'applique constamment (1).

D'après nous, elle ne saurait être admise ; elle est inutile, elle n'est nullement renfermée soit dans les termes de l'article 330, soit dans les théories qu'en a tirées la jurisprudence. En effet, nous avons déjà démontré bien des fois au cours de ce travail que la volonté du législateur a été de protéger la décence de la rue, d'empêcher que même par une

(1) Le Poittevin. Dictionnaire formulaire des Parquets. Tome III, p. 270.

imprudence la pudeur de chacun ne soit pas blessée. Il ne peut donc y avoir de distinction entre les actes immoraux, il ne peut pas y avoir, à notre point de vue, une immoralité intrinsèque et une immoralité extrinsèque. Ce qui a entraîné les savants criminalistes à développer cette théorie, ce sont une ou deux décisions judiciaires isolées et particulièrement un arrêt de la Cour de Cassation du 6 octobre 1870 confirmatif d'un arrêt de la Cour d'Angers (1). Il s'agissait d'un individu qui s'était baigné dans la Loire sans caleçon ; il avait été vu par un témoin ; traduit devant le Tribunal correctionnel, il avait été acquitté. Appel fut interjeté par le Ministère public ; la Cour s'étant prononcée dans le même sens que les premiers juges, l'affaire fut portée devant la Cour de Cassation. Celle-ci rejeta le pourvoi en déclarant que les premiers juges, ayant constaté que le prévenu n'avait eu nullement « l'intention de braver ou d'offenser la pudeur publique », avaient souverainement apprécié les faits ; qu'ayant déclaré que l'élément intentionnel n'existait pas, ils n'avaient nullement violé l'article 330 du Code pénal. Jusqu'à cette époque la Cour suprême et les Cours d'appel n'avaient pas envisagé l'intention comme un élément de la publicité. La Cour suprême voulait-elle innover en cette matière? En 1813, elle s'était déjà prononcée sur cet élément intentionnel du délit, elle avait déclaré à cette époque qu'une simple témérité, en dehors

(1) 6 octobre 1870. D. 70. 1. 433.

de toute volonté dans la publicité, suffisait pour donner naissance au délit d'outrage public à la pudeur. Voulait-elle en 1870 former une théorie toute contraire? On le croirait volontiers par les observations présentées par un des membres de la Cour, M. le conseiller Morin, dans le Journal de Droit criminel (1). Voici comment s'exprime ce magistrat : « L'intention délictueuse exigée pour les délits en « général est ici nécessaire par cela seul qu'il ne « s'agit pas de simple contravention. Sans doute le « fait indécent était volontaire en ce sens que l'in- « dividu s'était mis et restait en état de nudité, « mais sa volonté ne se rapportait qu'au fait maté- « riel, tandis qu'il faut pour le délit une intention « coupable. Vainement suppose-t-on que la publicité « accidentelle d'une tenue indécente rend punissable « pour défaut de précautions, cela n'est admissible « qu'à l'égard des délits ou contraventions consis- « tant dans une imprudence ou négligence ; et pour « les bains de rivière, les précautions de décence « rentrent dans le pouvoir règlementaire, de telle « sorte que l'infraction est punissable comme con- « travention de simple police. » L'arrêt de la Cour suprême n'a certainement pas la portée qu'a voulu lui donner M. le conseiller Morin ; il n'a pas voulu bouleverser complètement la matière de l'article 330. Avec les conclusions du savant magistrat, les négligences, les imprudences ne seraient plus punissa-

(1) Journal de Droit criminel 1870, p. 378.

bles et nous avons vu dans la longue suite d'arrêts que nous avons eu l'occasion de citer que toute la jurisprudence est actuellement fixée dans un sens absolument contraire.

L'arrêt de 1870 n'a pas davantage, à notre avis, voulu créer une distinction entre des outrages à la pudeur plus ou moins graves. Il s'explique d'une façon beaucoup plus simple par cette remarque que nous avons déjà faite nombre de fois que les magistrats, même de la Cour suprême, jugent le plus souvent en fait dans notre matière. Ils examinent quelle portée a pu avoir l'acte impudique ; ils cherchent s'il y a eu ou non un scandale. Or, c'est souvent qu'il arrive à certains individus de se baigner sans caleçon et on n'a pas voulu pour une infraction aussi légère frapper d'une peine qui jette sur le condamné une sorte d'infamie ; il serait cependant facile de retrouver des décisions judiciaires, non de la Cour de Cassation mais de juridictions correctionnelles, qui ont condamné des individus aux peines de l'article 330 pour s'être baignés sans caleçon.

Au surplus la jurisprudence actuelle est bien nettement fixée dans le sens que l'intention ne saurait être un élément de la publicité. Outre un arrêt de la Cour de Montpellier du 8 août 1859 qui déclare que le délit de l'article 330 existe par cela seul que l'acte impudique s'est produit publiquement quand bien même son auteur aurait agi sans intention criminelle ou lubrique (1), nous trouvons un arrêt de la Cour d'appel d'Aix du 22 novembre 1851 (2) et un jugement du Tribunal correctionnel de Bordeaux du 27 septembre 1889 (3) ; ce jugement déclare formellement que l'intention de rendre public l'acte obscène n'est pas nécessaire pour l'application de l'article 330 (4).

Nous venons donc de le démontrer : la distinction entre les actes impudiques est inutile au point de vue qui nous occupe. Ou bien l'auteur de l'outrage n'aura eu nullement conscience d'offenser la pudeur et alors il n'y aura pas de délit, ou bien il aura su qu'il commettait un acte indécent et nul besoin n'est alors de rechercher son intention quant à la publicité ; par le seul fait qu'il s'est mis dans le cas d'être vu, il ne peut échapper à la loi. Ce qui rend l'acte punissable, c'est moins le mépris de la publicité que le mépris de la pudeur (5).

Mais lorsque l'auteur d'un outrage à la pudeur n'a commis celui-ci que pour la sauvegarde d'un bien, pour éviter un mal, il n'est nullement répréhensible ; son acte, quelque indécent qu'il soit, ne

(1) Journal du Palais 1860, p. 69.

(2) Dalloz, 56. 2. 302.

(3) Journal La Loi du 17 octobre 1889.

(4) Il faut ajouter à ces documents de jurisprudence un jugement tout récent du Tribunal correctionnel de Lyon. Un individu ivre s'était endormi dans la journée sur un banc d'une place publique. Le défaut de tenue laissait voir ses nudités. Aperçu par des témoins, il a été poursuivi et condamné pour outrage public à la pudeur (25 septembre 1896). Cette décision nous paraît un peu dure bien qu'en harmonie avec les principes.

(5) Cfr. Blanche et Dutruc, tome V, n° 82. Garraud, t. IV, n° 448.

saurait entraîner l'application de notre article. C'est ainsi, comme le fait fort bien remarquer M. Garraud, « qu'il ne viendrait à l'esprit de personne de « poursuivre sous la qualification d'outrage public à « la pudeur le fait d'un individu qui, pour fuir un « incendie, se montrerait en public dans un état « de nudité complète. » Il y a ici l'application de ce qu'on appelle généralement le *délit nécessaire*.

CHAPITRE VIII

Du jugement de condamnation et de la peine

Dans notre droit actuel, tous les jugements doivent être motivés. Aussi faut-il pour notre délit, comme pour les autres, que les juges chargés de l'apprécier en discutent les éléments dans leur sentence. Il faut donc, pour qu'un jugement ne soit pas entaché de nullité, qu'il spécifie les faits matériels qui justifient la prévention, à savoir l'acte immoral générateur du délit, et la publicité, qui lui donne son caractère. Si un jugement se contentait de déclarer qu'un prévenu a bien commis un outrage public à la pudeur, sans dire quel est le fait matériel qui lui est reproché, sans déterminer le lieu ou les circonstances qui lui donnent le caractère de publicité, ce jugement ne saurait tenir et il serait certainement brisé par la Cour suprême. C'est ainsi qu'un arrêt qui s'était borné à déclarer que les prévenus *avaient été vus* se livrant dans un lieu privé à des actes honteux de débauche a été cassé.

La Cour suprême a déclaré que la seule constatation que les prévenus *avaient été vus* déterminait d'une manière insuffisante la publicité exigée par la loi (1).

La Cour de Cassation a aussi brisé des décisions qui déclaraient un prévenu coupable d'outrage public à la pudeur dans un lieu ouvert au public. Enfin elle a déclaré nul le jugement condamnant des faits immoraux sans les spécifier, sans dire ce qu'ils étaient (2).

Une autre décision de la même juridiction nous paraît plus discutable; c'est celle qui admet que le jugement manque de base légale lorsqu'il a mentionné des faits immoraux en déclarant qu'ils s'étaient accomplis dans l'escalier d'une maison, mais sans indiquer si c'était sur le palier du rez-de-chaussée ou sur ceux des étages supérieurs(3). Nous avons vu en effet dans un chapitre précédent que les escaliers d'une maison étaient des lieux privés, mais susceptibles de donner accès à tout venant et de constituer par conséquent une publicité suffisante des actes qui y étaeint commis.

Mais lorsque les juges du fait ont constaté la façon dont les choses se sont passées lorsqu'ils ont déterminé et déclaré qu'un fait quelconque constituait un outrage ou lorsqu'ils ont donné le caractère

(1) Cassation 10 août 1854. D. 54, 1. 300.
(2) Cassation 22 août 1879. S. 79, 1. 485.
(3) Cassation 3 mars 1864. D. 65. 5. 27

de publicité à certains lieux, quel est alors le pouvoir de la Cour de Cassation ? Nous savons que celle-ci, gardienne de la loi, régulatrice du droit, ne doit jamais juger des faits, elle doit seulement voir si, étant donné les éléments de la cause tels qu'ils sont rapportés, il a été fait une juste application de la loi. En notre matière, la Cour suprême devra-t-elle prendre toujours les faits tels qu'ils lui sont énoncés par les décisions à elle soumises, ou n'aura-t-elle pas à voir si les premiers juges se sont trompés dans l'appréciation des actes eux-mêmes ? La Cour suprême semble toujours avoir effectivement, sinon d'une façon explicite, revendiqué le droit de revoir les faits eux-mêmes et de les apprécier d'une toute autre façon que ne l'avaient fait les magistrats appelés tout d'abord à se prononcer ; dans les nombreuses décisions que nous avons citées. nous avons vu que la Cour de Cassation ne se faisait pas faute de qualifier autrement que les Tribunaux ou les Cours d'appel soit les faits matériels, soit la publicité, et cela semble tout naturel en cette matière. En effet ici le fait se confond avec le droit ; pour savoir si l'on a ou non violé l'article 330, il faut apprécier l'obscénité des actes et le caractère de publicité du lieu où ils ont été commis.

Il semble cependant que la Cour de Cassation ait voulu une fois au moins s'éloigner de cette manière de voir. C'est dans l'arrêt de 1870 que nous avons rapporté plus haut alors qu'elle déclare que la Cour d'Angers « a souverainement apprécié les faits qui lui étaient soumis », qu'elle ne saurait donc intervenir. Mais cet arrêt, avons-nous dit déjà, est unique ; il rompt avec tout le reste de la jurisprudence, il semble avoir été rendu sous la préoccupation de ne pas punir d'une peine trop grave un fait qui en lui même était peu répréhensible.

De la peine. — C'est l'article 330 du Code pénal qui fixe la peine de l'outrage public à la pudeur, il est ainsi conçu : « Toute personne qui aura commis un outrage public à la pudeur sera puni d'un emprisonnement de trois mois à deux ans et d'une amende de seize à deux cents francs ». Sous l'empire du Code pénal de 1810, la peine était moins forte ; son minimum était bien de trois mois, mais son maximum ne pouvait s'élever au-dessus d'un an. Comme nous l'avons exposé, notre délit semble avoir pris de jour en jour plus de gravité, aussi deux lois sont-elles venues modifier le primitif article 330. C'est d'abord la loi du 13 Mai 1863 qui a élevé le maximum de la peine à deux ans. C'est qu'avec un maximum d'un an l'application des peines de la récidive ne pouvait être faite en matière d'outrage public à la pudeur ; il faut en effet pour tomber sous le coup de la récidive légale avoir été condamné à plus d'un an d'emprisonnement (art. 58 C. pénal). On pouvait donc avant la nouvelle rédaction de l'article 330 être condamné plusieurs fois au maximum pour outrage public à la pudeur sans encourir l'aggravation due aux récidivistes.

C'est dans le même ordre d'idées que la loi du

26 Mai 1885 sur les récidivistes a inscrit l'outrage public à la pudeur parmi les délits qui font encourir la relégation. On considère que cette infraction est tellement grave qu'elle mérite, ainsi que le vol, l'escroquerie, l'abus de confiance, pour ceux qui la commettent, l'éloignement du territoire continental de la République.

CHAPITRE IX

Législations étrangères

Après avoir traité de l'outrage public à la pudeur tel qu'il existe dans notre droit français conformément à l'article 330 du Code pénal, il nous faut maintenant jeter un coup d'œil sur les législations étrangères. Notre but n'est pas de rechercher si dans chacune des législations des pays civilisés le délit dont nous avons traité est compris et puni comme chez nous ; nous ne pouvons faire une monographie de l'outrage public à la pudeur pour chaque nation. Tout d'abord certains pays n'ont pas à proprement parler un délit semblable au nôtre, leur législation n'a pas compris de la même façon que la nôtre ce manquement à l'ordre social. D'un autre côté il serait monotone de rechercher et de signaler simplement dans les nombreuses lois des différents pays les articles ayant trait à notre matière. Enfin il serait peu intéressant de comparer simplement l'outrage public à la pudeur en France et le délit analogue à l'étranger. Il nous a semblé qu'il valait mieux jeter un coup d'œil rapide sur les différentes lois de nos voisins d'Europe et d'Amérique au point de vue des outrages aux mœurs en général, de ce qu'on pourrait appeler les délits d'impudicité, et de voir comment ils les traitent, comment ils se rapprochent ou se différencient de nous.

On peut à ce point de vue diviser les différentes législations en trois classes : celles qui sont plus dures que la nôtre, qui répriment avec plus de fermeté les attentats aux mœurs, qui considèrent comme actions délictueuses certains faits que notre Code ne punit pas — 2e celles qui se rapprochent presque complètement de notre législation — 3o celles qui sont plus douces que notre législation ; elles sont, il est vrai, en petit nombre.

Premier Groupe

Le premier groupe de législations, celui qui traite plus durement que nous les outrages aux mœurs, se compose surtout des nations septentrionales et de celles qui appartiennent à la race anglo-saxonne. Il faut le reconnaître, l'idée de pudeur, l'idée d'attentat aux mœurs est plus sérieuse, plus grave chez ces peuples que chez les nations latines. Elles ont d'une part, sous l'empire du climat du Nord, une notion plus élevée de la pureté des mœurs ; certains actes un peu libres qui paraissent aux peuples du Midi, avec leur gaieté et l'enivrement du soleil, de simples plaisanteries, des jeux n'entrainant aucune idée malsaine, semblent au contraire au rigorisme d'un pays plus froid des fautes graves contre la morale. Il semble d'autre part, il faut l'avouer, que les peuples de ce groupe ont conservé plus intacte l'idée du mariage et celle du respect dû à la pudeur de la femme. Aussi leurs législations punissent d'une façon plus sévère les délits contre les mœurs, admettent comme délits des fautes que notre Code ne punit pas ; elles mélangent encore et distinguent mal l'idée de morale de l'idée de protection sociale. Nous allons rencontrer dans leurs Codes les peines prononcées contre l'outrage public à la pudeur, mais ce délit ne sera pas compris comme chez nous ; ce sera bien moins le manquement à l'ordre social que la méconnaissance d'une règle de morale qui sera réprimée.

ANGLETERRE

Les lois anglaises sont très rigoristes à l'endroit des outrages aux mœurs. Les délits appelés « contre les mœurs » se divisent dans ce pays en deux classes : ceux qui se caractérisent par une *atteinte portée à l'honneur sexuel* ; et ceux qui forment *un manquement aux idées reçues par rapport à la moralité sexuelle.* Les premiers comprennent les infractions contre la liberté des relations intimes entre l'homme et la femme ; ce sont, par exemple, l'enlèvement d'une personne de l'un ou l'autre sexe, soit à l'aide de séduction, soit par l'emploi des moyens frauduleux, la peine est dans le premier cas de la prison avec *hard labour,* dans le second de quatorze années de réclusion ; le proxénétisme puni de prison avec hard labour ou de la réclusion perpétuelle suivant l'âge des victimes ; les attentats à la pudeur avec violence ; ce que les Anglais appellent « indecent assault », sont également punis de la réclusion. Sont punis de la prison avec ou sans travail forcé les rapprochements sexuels avec des personnes incapables de donner leur consentement, comme des aliénés, des faibles d'esprit, des enfants de moins de treize ou seize ans. Les seconds comprennent les *crimes cnotre nature :* la sodomie, la bestialité qui sont punies de la réclusion perpétuelle ; les actes honteux entre personnes du sexe masculin, punis de prison avec travail forcé ; les publications contraires à la morale et aux bonnes mœurs reçues, les auteurs de ces exhibitions sont punis comme vagabonds.

L'outrage public aux mœurs est également puni, mais, comme nous allons le voir, ce n'est pas dans les mêmes conditions que chez nous. Sont réprimées les *actions qui causent du scandale ou blessent la pudeur, commises dans des lieux accessibles au public.* La peine est la prison avec ou sans travail forcé selon les circonstances de gravité du délit. Mais la législation anglaise n'admet l'outrage à la pudeur que lorsqu'il est commis dans un lieu public ; elle ne l'admet pas comme la nôtre dans des lieux privés ; elle arrivera bien à punir les actes immoraux et honteux qui auront été commis dans un lieu privé, puisque le stupre, la sodomie, les actes honteux entre personnes du sexe masculin, sont réprimés par la loi. Mais où la législation anglaise serait peut-être moins sévère que la nôtre, c'est à propos d'actes indécents en dehors de toute idée d'immoralité et surpris par hasard dans un lieu privé. Le défaut de précaution n'entraîne pas comme chez nous l'application de la peine. Une disposition législative, le « vagrant act » punit comme « rogue and vagabond » celui qui met son membre viril à nu dans le but d'offenser une personne du sexe féminin. C'est donc comme sous notre législation intermédiaire la pudeur des femmes que la législation d'outre-Manche veut protéger. Il est facile de voir par là la différence qui existe entre les deux législations pour le même délit.

Enfin, remarquons que l'adultère, l'inceste et le stupre sont punis par les lois anglaises, mais ils sont restés des délits ecclésiastiques poursuivis devant la juridiction ecclésiastique, punis de la pénitence, et en cas de désobéissance de six mois de prison (1).

(1) Nous ne saurions citer au point de vue de la législation anglaise des articles d'un Code précis ; en effet, à ce point de vue l'Angleterre n'a pas codifié sa législation ; elle est éparse dans les coutumes du Droit commun. « Common law », et dans les lois spéciales « statute law », principalement dans le « Criminal law » « amendement act» de 1885.

ALLEMAGNE

Le Code pénal de l'Empire d'Allemagne punit lui aussi les attentats aux mœurs. Dans une série d'articles entre les n°s 170 et 190, il passe successivement en revue les différents manquements aux lois sur la pudeur et sur la moralité. Les peines qu'il édicte sont plus fortes que dans notre législation dans certains cas, elles sont plus faibles dans d'autres. Elles embrassent surtout un plus grand nombre de faits, elles frappent des actes qui chez nous restent impunis.

Le viol, l'attentat à la pudeur avec violence, l'abus d'une personne incapable, l'attentat à la pudeur même sans violence sur une personne de moins de quatorze ans sont punis de la réclusion (art. 176). Les actes impudiques commis par des personnes qui ont autorité sur la victime de l'attentat sont punis de cinq ans de réclusion. Comme chez nous, on considère comme personne ayant autorité les parents, les tuteurs, les instituteurs, les fonctionnaires. La loi allemande y ajoute les ecclésiastiques, les médecins, les employés des hôpitaux ou des prisons.

Une classe de délits qui chez nous n'est pas punissable est réprimée par le Code pénal allemand, c'est la *séduction* sous toutes ses formes, soit que par des promesses on entraîne une jeune fille de moins de seize ans jusque-là irréprochable, soit que par un simulacre de mariage on laisse croire à une personne qu'elle est votre épouse.

La sodomie et la bestialité sont punies d'emprisonnement et de la privation des droits civiques. Mais pour que le délit existe, il faut qu'il y ait eu conjonction charnelle et la peine ne saurait être prononcée pour des actes indécents ou impudiques commis *inter viros* (art. 175) (1).

L'outrage public à la pudeur est réprimé par l'article 183 du Code pénal qui a été modifié par une loi du 26 février 1876. « Quiconque, dit cet article, « occasionnera un scandale public par un outrage « à la pudeur sera puni de l'emprisonnement pendant deux ans au plus ou d'une amende qui n'excèdera pas 500 marks. Le coupable pourra être « aussi privé de ses droits civiques. » Cet article se rapproche de l'article 330 de notre Code pénal, mais sa formule nous paraît supérieure ; en effet d'une part, il ne punit pas comme chez nous le simple manque de précaution, il ne force pas le juge à prononcer une peine honteuse contre des personnes qui n'ont pas souvent eu pour but d'offenser la morale et qui même n'ont été vues par personne. Il ne suffit pas, comme chez nous, que l'agent ait commis un acte indécent qui ait pu être vu ; il faut qu'il y ait eu scandale public, que la pudeur publique ait été effectivement froissée. D'un côté le juge aura un pouvoir plus grand d'appréciation, c'est à

(1) Garraud, tome IV, p. 439, n° 13.

lui à dire si oui ou non il y a eu scandale, mais, d'un autre côté, il est restreint par ce scandale lui-même et ne pourra prononcer une peine alors qu'une pudeur imaginaire seule aura été offensée. Mais le délit tel qu'il est compris par le Code pénal allemand est, d'autre part, plus extensif que le nôtre, car tout outrage à la pudeur, de quelque manière qu'il se produise, est puni en vertu de l'article 183 ; il y a de la part de la législation allemande une supériorité sur la nôtre, elle fait rentrer dans le droit commun l'outrage aux mœurs par la voie de la parole et de la presse.

Nous avons rangé la législation de l'empire d'Allemagne dans le premier groupe de législations, c'est-à-dire dans celui que nous considérons comme plus sévère que la loi française. C'est qu'en effet, il comprend toute une série de délits qui sont inconnus de notre Code ; de plus, lorsqu'on lit les criminalistes allemands à ce sujet on voit qu'ici encore c'est bien plus à la morale qu'à la dignité de la rue qu'on a voulu donner protection.

AUTRICHE

Le Code pénal autrichien est extrêmement dur en ce qui concerne les attentats aux mœurs. Il est bon de remarquer tout d'abord que l'Autriche est le pays d'Europe qui est plus particulièrement, en matière de droit pénal, resté attaché à la loi religieuse. Aussi ne sera-t-il pas étonnant de voir considérer comme délit tout manquement à la loi morale telle qu'elle est reconnue par le dogme catholique.

Les attentats à la pudeur commis avec ou sans violence sont des crimes et sont punis comme tels ; le rapprochement sexuel avec une personne qui ne pouvait pas se défendre est aussi un crime. L'inceste est qualifié crime lorsqu'il a lieu entre ascendant et descendant; il devient un simple délit quand il est commis entre collatéraux. Les personnes qui, ayant autorité sur une autre, en abusent pour commettre avec elle des actes impudiques, sont coupables de crime ; elles sont coupables de délit si elles ont simplement laissé séduire une mineure qui leur était confiée, lorsqu'elles ont permis l'acte impudique (art. 132, 504 et 506). — La séduction est tantôt un crime, tantôt un délit. L'adultère n'est qu'une contravention ; ne sont que contraventionnels également certains outrages aux mœurs, mais sont considérés comme crimes la bestialité, la sodomie et les actes impudiques entre personnes d'un même sexe; même entre femmes (art. 129).

Quid de l'outrage public à la pudeur ? Le Code pénal autrichien semble bien se préoccuper de certains outrages aux mœurs dans ses articles 509, 510 et 516. Il en fait des contraventions, mais il ne prévoit nulle part l'outrage public à la pudeur tel qu'il est conçu soit par notre Code pénal, soit par la législation allemande. Toutefois cette lacune n'est qu'apparente puisque la loi pénale autrichienne punit tous les outrages aux bonnes mœurs, indépendamment de leur caractère de publicité. Il est vrai qu'elle ne fait de la plupart des outrages aux mœurs que des contraventions, mais il ne faudrait pas se méprendre sur ce terme. Si, en Autriche, on divise comme chez nous les infractions en crimes, délits et contraventions, ces mots sont loin d'avoir la valeur juridique que notre loi leur attribue. La contravention en Autriche est punissable de peines qui chez nous sont des peines de police correctionnelle ; elle est traitée comme un délit au point de vue de l'imputabilité, de la mesure et de l'extinction des peines ; la seule différence qui existe entre elle et un délit, c'est la compétence ; alors que le délit comme le crime est jugé par la Cour, la contravention est jugée par le tribunal de district.

Cette législation qui semble draconienne n'a cependant pas eu pour résultat de rendre les mœurs autrichiennes plus pures, et tout voyageur qui a visité Vienne sait que c'est le pays d'Europe où la prostitution s'étale le plus librement et le plus facilement.

HONGRIE

La législation de la Hongrie se fait remarquer au point de vue qui nous occupe par le grand nombre de crimes ou de délits qu'elle prévoit. Tous les actes obscènes ou simplement immoraux sont punis par le Code pénal hongrois. Nous ne parlerons que pour mémoire du viol, de l'attentat à la pudeur avec violence, des excitations à la débauche par les parents ou personnes ayant autorité et qui constituent des crimes punis de la réclusion dans une prison d'Etat (art. 232, 233, 234, 235, 247, Code pénal hongrois). L'inceste est puni comme un délit (art. 243). Les actes impudiques contre nature, ceux commis entre personnes du sexe masculin, la bestialité sont punis comme délits ou comme crimes selon qu'il y a eu ou non violence de la part de l'auteur de l'attentat (art. 240, 241).

Ce que la législation de la Hongrie appelle l'*outrage à la pudeur* ne saurait nullement se rapprocher du délit de notre article 330. L'outrage à la pudeur consiste à se livrer à un commerce sexuel avec une jeune fille honnête âgée de moins de quatorze ans ; ce délit est puni de cinq ans de maison de force au maximum (art. 236). MM. Dereste et Martinet dans leurs commentaire et traduction du Code pénal hongrois émettent l'opinion que l'expression « jeune fille » n'exclut pas les filles de mauvaise vie notoire et qu'elle n'implique nullement la virginité de la victime. Nous ne croyons pas, pour notre part, que l'article 236 du Code pénal hongrois doive être interprété dans ce sens ; il contient, en effet, non seulement le mot « jeune fille », mais encore le mot « honnête », qui semble absolument exclure les prostituées de profession. Si l'on remarque, d'un autre côté, que ce que le législateur a voulu punir, c'est le commerce avec une jeune fille d'un âge très tendre, puisque la victime doit avoir moins de quatorze ans, il faut aussi se souvenir que la Hongrie est déjà un pays d'Orient où dans la plupart de ses provinces la femme est nubile de bonne heure et certainement avant quatorze ans. Dans le cas où le délit de l'article 236 a été commis il n'est punissable que sur la dénonciation de la victime ou d'un membre de sa famille ; il cesse de l'être en cas de mariage entre l'auteur de l'attentat et sa victime.

La législation hongroise n'a-t-elle donc pas comme la nôtre un délit d'outrage public à la pudeur ? Si l'on parcourt le Code pénal de cette nation, on ne trouvera, en effet, rien qui rappelle les prescriptions de notre article 330. Mais il ne s'en suit pas qu'en outrage aux mœurs commis sur le territoire du royaume hongrois ne serait pas punissable. En effet, toutes les villes et la plupart des provinces ont des règlements spéciaux prohibant l'indécence dans les lieux publics ou accessibles au public ; or, une disposition du Code pénal hongrois donne, pour ainsi dire, force de loi à ces règlements et punit les infractions qui y sont commises comme des délits ordinaires. C'est aux juges alors qu'il appartient d'apprécier à la fois la gravité de l'infraction et la peine qu'ils doivent prononcer.

SCANDINAVIE

Suède. — C'est le chapitre XV du Code pénal de 1864 qui punit en Suède les attentats aux mœurs ; Ce chapitre est intitulé : « Des actes portant atteinte à la liberté du sexe et au sentiment moral. » Il est complété par le chapitre XVIII du même Code. Les crimes ou les délits qui y sont prévus sont notamment : l'enlèvement, la contrainte à l'impudicité, l'inceste, l'attentat à la pudeur sur une femme qu'on a préalablement endormie ou sur un aliéné, le proxénétisme, les crimes contre nature. Enfin les paragraphes 12 à 19 du chapitre XV punissent toute atteinte au sentiment moral, et tout rapprochement entre un homme marié et une femme également engagée dans les liens du mariage. Il ne faudrait pas cependant voir dans ces dispositions un délit se rapprochant de notre article 330 ; la législation de la Suède a voulu surtout protéger les bonnes mœurs, aussi ne voyons-nous nulle part l'élément de publicité en ce qui concerne le délit d'outrage à la morale ; elle se montre en cela beaucoup plus rigoureuse que la nôtre puisqu'elle punit les mêmes actes, abstraction faite de leur publicité.

L'adultère et la bigamie sont aussi réprimés ; ils font partie du chapitre qui traite de la protection de la famille (ch. XXII).

Norvège. — C'est peut-être la Norvège qui de tous les pays a le système le plus détaillé de délits contre les mœurs. Dans le chapitre VIII de son Code pénal, elle énumère les outrages à la morale publique. C'est ici surtout que nous rencontrons la confusion absolue entre l'idée de morale et l'idée pénale. Ce chapitre, en effet, mélange à la fois les délits contre les mœurs, la répression de l'ivrognerie et les infractions qui consistent à insulter les Saintes Ecritures et les Sacrements. Bien entendu, le viol, l'attentat à la pudeur, avec ou sans violence, les relations avec des enfants âgés de moins de douze ou de quinze ans, l'enlèvement de mineurs sont punissables.

Mais sont considérés comme des délits : le concubinage, la prostitution par métier, les simples relations illégitimes, *lorsqu'elles ont entraîné la grossesse*, et encore y a-t-il là une concession faite par une loi postérieure au Code pénal qui punissait les simples relations entre personnes non mariées. Les relations intimes entre personnes du sexe masculin et la sodomie sont également réprimées.

Toutefois l'outrage public à la pudeur, tel du moins que nous le comprenons dans notre législation n'est pas puni par le Code pénal norvégien ; une conduite indécente qui suscite un scandale n'est punissable que suivant les règlements de police des différentes communes. Un savant jurisconsulte norvégien, M. Getz, procureur général près la cour de Christiania, regrette cette lacune de la législation ; il faut dire cependant qu'avec la minutie qui a entouré la rédaction du Code pénal norvégien en notre matière, il y a peu de place pour des infractions punies par notre article 330. Pour nous, la législation norvégienne est à ce point de vue supérieure à la nôtre en ce cens qu'elle ne punit comme outrage aux mœurs que ce qui est vraiment pour elle un acte immoral, laissant à des règlements de police le soin de réprimer ce qui n'est qu'une simple indécence, souvent involontaire.

RUSSIE

Le Code pénal russe traite des délits contre les mœurs dans sa section IV qui renferme les délits contre l'ordre public. Il punit le viol, les crimes contre nature d'une façon très sévère, de la déportation et même de la « Katorga », c'est-à-dire des travaux forcés les plus rigoureux (travail dans les mines).

Sont également réprimés la séduction des mineurs et le proxénétisme ; mais celui-ci, pour être frappé, doit avoir été exercé par des personnes qui ont autorité sur les victimes, c'est-à-dire par les parents, les maîtres, ou par le mari. La sodomie est également punie comme un crime et entraîne la déportation. L'adultère [1], le concubinage sont aussi frap-

(1) Toutefois le Code pénal russe traite de l'adultère dans sa section XI, consacrée aux crimes contre les droits de la famille. L'adultère du mari est puni de la même façon que celui de la femme. Le mari ou la femme outragée peuvent prendre deux voies : celle des tribunaux ecclésiastiques qui amène au divorce et celle des tribunaux criminels qui fait prononcer la réclusion dans un cloître.

pés, mais ils ne le sont que d'une pénitence religieuse.

Enfin, l'outrage public à la pudeur est réprimé; la loi russe est, en ce qui concerne ce délit, plus sévère que la nôtre à différents points de vue; tout d'abord elle fait rentrer dans l'outrage public à la pudeur des délits qui chez nous ont une législation particulière: ainsi l'impression et la propagation ou distribution d'écrits obscènes sont traitées comme un outrage à la pudeur. Les actes impudiques, s'ils sont commis en public, sont eux aussi réprimés; et non seulement les actes impudiques, mais encore les discours obscènes s'ils ont été tenus en public. Il y a là une notable différence avec notre législation.

L'empire russe connaît encore des délits contre les mœurs dans une autre section de son Code pénal: c'est la section X relatives aux crimes et délits contre la vie, la santé, la liberté et l'honneur des particuliers. Dans son chapitre VI, il parle du rapt, du viol et de la séduction avec promesse de mariage. Enfin cette partie du Code contient encore une disposition pénale relative à l'attentat ou à l'outrage à la pudeur des femmes; c'est une disposition presque semblable à celle qui existait dans notre droit intermédiaire.

Le grand duché de Finlande qui fait partie de la Russie a cependant son Code pénal spécial, promulgué en 1889. Son chapitre XX est consacré à notre matière; c'est certainement de tous les Codes d'Europe celui qui se montre le plus dur pour les « delicta carnis ». Nous ne pouvons passer en revue tous les délits contre les mœurs qu'il prévoit et qu'il punit de peines sévères. Tout outrage à la morale y est réprimé ; le délit d'outrage public à la pudeur s'y rencontre donc ; mais ce Code va plus loin ; il punit l'outrage à la pudeur, même commis dans un lieu privé et il frappe les simples rapports entre personnes non mariées sous le nom de noces secrètes (lonskalàge) ; il est vrai que la peine encourue n'est que d'une amende et que les coupables peuvent l'éviter en se mariant.

ÉTATS-UNIS

Les Etats-Unis ont chacun leur législation particulière en matière pénale ; aussi ne saurions-nous passer en revue la loi de chacun de ces pays ; qu'il nous suffise de constater que les Etats du Nord ont imité la législation anglaise, qu'ils ont conservé une grande partie des coutumes qui existaient au moment de la déclaration de l'indépendance. Quant aux Etats du Sud, leur législation se rapprocherait plutôt au contraire de celle des peuples latins dont nous parlerons tout à l'heure (Italie, Espagne, Portugal).

Ajoutons toutefois que certains Etats et particulièrement celui de New-York sont pendant ces dernières années entrés dans une voie que l'on ne saurait trop suivre : ils ont créé un véritable outrage spécial à la pudeur, c'est l'outrage à la pudeur des enfants. Par une loi du 21 mars 1885, il traite comme outrage à la pudeur le fait de laisser séjourner dans une salle de danse, de spectacle léger, de tout endroit contraire à la morale un enfant âgé ou paraissant âgé de moins de seize ans. De même est-il défendu d'enfermer un enfant de moins de seize ans avec des adultes dans une prison ou dans une salle de tribunal en dehors de la présence du magistrat. Enfin se rend coupable du même délit quiconque engage ou fait engager un enfant du même âge pour une exhibition nuisible à sa pudeur.

Second Groupe

Ce second groupe comprend les nations qui ont le plus directement hérité des mœurs latines, tout en subissant la transformation qui leur a été donnée par les grandes règles de morale et de philosophie de la fin du XVIIIe siècle, transportée dans ces différents pays à la suite de la Révolution française. Chez ces différentes nations, les attentats aux mœurs sont traités à peu près comme dans notre législation. Nous n'aurons même pas à parcourir très longuement certaines des lois de ces pays, car leurs articles se rapprochent singulièrement des nôtres et la jurisprudence de leurs tribunaux est la même que celle des tribunaux français (1). Chez ces nations, comme chez

(1) Particulièrement la Belgique.

nous, ce que le législateur a eu surtout en vue, c'est bien plus la protection de l'ordre social que la morale elle-même. Du reste jusqu'il y a un quart de siècle les codes français étaient encore en vigueur dans ces différents pays et si depuis cette époque le Code pénal de chacun d'entre eux a été refondu, il a conservé l'empreinte de nos mœurs, de nos coutumes, tout en profitant de l'expérience de cinquante années pour corriger certaines imperfections qui existent encore dans nos lois.

ITALIE

Le Code pénal italien date de 1890. Il consacre le titre VIII de son Livre II aux délits contre les bonnes mœurs et l'ordre des familles. Il punit avec quelques différences de peines les attentats à la pudeur, le viol, etc.

Il traite de l'outrage public à la pudeur dans deux articles, les art. 338 et 339. Le premier est consacré à l'outrage public à la pudeur proprement dit, le second à l'outrage public à la pudeur par la voie de la presse. L'art. 338 ne fait pas autre chose que consacrer la jurisprudence française de l'art. 330 de notre Code ; il est ainsi conçu : « Quiconque, en dehors des cas indiqués dans les articles précédents, offense la pudeur ou les bonnes mœurs par des actes commis dans un lieu public ou exposé au public est puni de la réclusion de trois à trente mois. » C'est bien la distinction qu'ont faite nos Cours et nos Tribunaux entre l'outrage dans un lieu public et l'outrage dans un lieu privé qui a pu être vu du public.

Remarquons que bien qu'il se rapproche complètement du nôtre, le Code pénal italien est plus sévère sur un point, il prévoit et punit l'inceste (art. 337).

BELGIQUE

Il y a peu à dire sur la législation de la Belgique en ce qui concerne notre matière ; c'est qu'en effet les articles 372 et suivants du Code pénal de 1867 qui traitent des attentats aux mœurs sont la reproduction presque complètement exacte du droit pénal français. Le viol, l'attentat à la pudeur avec ou sans violence, les circonstances aggravantes tirées de la parenté ou du lien d'autorité, sont les mêmes que chez nous.

En ce qui concerne l'outrage public à la pudeur, les principes sont exactemment les mêmes : outrage aux mœurs, publicité de l'acte sont nécessaires pour qu'il y ait délit. Bien plus les mêmes questions délicates qui se sont posées devant les tribunaux belges au point de vue de la publicité ont été tranchées exactement dans le même sens que par notre jurisprudence. Cependant la Belgique paraît encore avoir exagéré plus que nous l'idée de publicité, car certaines décisions vont jusqu'à admettre qu'il y a eu outrage public à la pudeur quand la publicité ne résulte que de la curiosité malsaine (Tribunal de Turnhout, 7 novembre 1879,) (1). Il est vrai que dans cette décision les juges se sont sans doute laissé guider par la gravité de l'outrage qui avait été commis dans la chambre d'un aliéné. Comme on le voit les mêmes sentiments ont guidé dans l'interprétation de notre délit les magistrats français et belges.

PAYS-BAS

Le Code pénal actuel du Royaume des Pays-Bas qui date du 3 Mars 1881 traite des attentats aux mœurs dans le titre XIV du Livre II, aux articles 239 et suivants. Il punit notamment l'attentat à la pudeur, le viol l'excitation de mineurs à la débauche

Il traite de l'outrage public à la pudeur dans l'article 239 qui est ainsi conçu : « *Est puni d'un emprisonnement de deux ans au plus ou d'une amende de trois cents florins au plus: 1° l'outrage public à la pudeur, 2° l'outrage à la pudeur auquel une autre personne assiste contre sa volonté.* »

On le voit : la législation néerlandaise a eu soin de prévoir le cas où un outrage est imposé à la pudeur d'une seule personne, en dehors de toute autre condition de publicité, et ce manquement est assimilé par elle à l'outrage public à la pudeur. Notre jurisprudence a eu à s'occuper, nous l'avons vu, de cas analogues ; la Cour de Douai n'a pas

(1) Pasicr. Belges 1880, 3e partie, p. 191.

hésité à faire rentrer des faits semblables dans le cadre de l'article 330 de notre Code (voir pages 107 et suivantes). Nous avons dit que, si de pareils actes nous paraissaient éminemment répréhensibles, nous ne pensions cependant pas que ce fût aux Cours et aux tribunaux qu'il appartenait d'étendre ainsi la sphère d'application de notre article 330. Les Pays-Bas ont résolu la difficulté par une disposition législative des plus sages ; nous ne pouvons que souhaiter de voir réaliser semblable réforme dans notre Code.

SUISSE

Nous ne pouvons donner une idée complète de la législation de la République helvétique en matière d'attentats aux mœurs : il nous faudrait en effet, pour ce faire passer en revue chacun des cantons, car la législation applicable à notre matière n'est pas du domaine fédéral, mais varie suivant les cantons. Cette étude serait du reste peu instructive, car la législation des différents peuples de la Suisse se rapproche pour les attentats aux mœurs assez généralement de la nôtre. Nous ne voulons pas dire cependant que les législations suisses aient adopté toujours des règles semblables aux nôtres ; dans certains cantons, des faits qui ne sont pas prévus par notre législation sont réprimés ; dans d'autres au contraire, la loi se montre un peu plus large. Au point de vue des classifications pénales,

les cantons se rapprochent du pays d'origine auquel ils appartiennent, Allemagne, France, Italie, mais ce qui fait que les différentes législations se rapprochent sensiblement de la nôtre c'est que les peines sont à peu près les mêmes. Notons quelques particularités intéressantes relatives à certains can-cantons. Genève traite le viol et l'attentat à la pudeur à peu près comme chez nous (réclusion de 3 à 8 ans, article 277 du Code pénal de 1874). Il punit également l'excitation de mineurs à la débauche mais il réduit à un simple délit l'attentat à la pudeur commis sans violence sur un enfant de moins de quatorze ans (article 278).

L'outrage public à la pudeur est puni, mais il doit résulter d'un fait scandaleux ; un simple manquement aux bonnes mœurs devient une contravention de police. Chose à remarquer, l'adultère n'est pas puni par la législation genevoise.

Neuchâtel punit également le viol, l'attentat à la pudeur, l'excitation habituelle de mineurs à la débauche. De plus sous l'influence de certaines législations allemandes, il comprend parmi les délits la simple prostitution (art. 147 du Code pénal de 1856). C'est aussi sous l'empire des mêmes idées qu'il punissait la séduction par une personne ayant autorité, sur une jeune fille de plus de quatorze ans et de moins de seize ans Le Code pénal de ce canton qui ne date que du 1er juillet 1891 a respecté ces dispositions, mais en les alourdissant comme il l'a fait pour toutes les autres matières par des sortes de digressions juridiques sur chaque article qui en rendent souvent la compréhension fort difficile. Le dernier Code pénal promulgué en Europe est plutôt une œuvre de littérature juridique qu'une véritable codification.

Le droit du canton de Fribourg distingue comme chez nous les crimes contre les mœurs et les délits contre les mœurs. Il traite des crimes dans le livre II sous le numéro VIII ; les articles 195 et suivants répriment le viol, l'attentat à la pudeur, l'abus qu'on fait d'une femme privée de ses sens ou à la faveur d'une erreur. Dans son livre III sous le numéro VI on montre l'énumération des délits contre les mœurs, ce sont : la prostitution habituelle (art. 395), la séduction d'une personne de moins de dix-huit ans de l'un ou de l'autre sexe (art. 396, 397). L'outrage public à la pudeur est réprimé par l'art. 385 qui est ainsi conçu : « Quiconque aura publiquement outragé les mœurs par des actions qui blessent la pudeur sera puni d'un emprisonnement de huit jours à un an et d'une amende de vingt-six à cinq cents francs. » Les mêmes questions se sont posées sur cet article au point de vue de la publicité que sur notre article 330 ; elles ont été résolues dans le sens de la jurisprudence française. Le Code pénal du canton de Fribourg adopté par le grand Conseil en mai 1868 n'est entré en vigueur que le 1er janvier 1874.

Le canton du Valais a emprunté une partie de notre Code pénal français ; dans son Code pénal de

1859 il reproduit nos délits sur les mœurs tantôt en les aggravant, tantôt en les allégeant. Ce qu'il faut surtout remarquer, c'est le caractère religieux de ce Code; aussi punit-il certaines infractions que notre Code a laissées de côté : la prostitution, l'inceste par exemple. Mais la Confédération helvétique est en train d'élaborer un Code pénal fédéral.

L'art. 117 du projet de ce Code est ainsi conçu : « Celui qui aura publiquement et d'une façon grossière (offentlich grob) outragé la pudeur sexuelle (den geschlechtlichen anstand) sera puni de l'amende jusqu'à cinq mille ou de l'emprisonnement. » A en juger par les travaux préparatoires de ce Code, et par les discussions qu'il a déjà soulevées, la rigueur sera partout plus grande que dans le passé.

Nous ne parlerons ici que pour mémoire de la législation de la principauté de Monaco en notre matière, car elle ne fait que reproduire exactement le Code pénal français.

Troisième Groupe

Le troisième groupe comprend les législations des pays du Midi. Comme nous avons déjà eu occasion de le faire remarquer souvent, la notion de pudeur est certainement moins vive chez les peuples du Sud que chez ceux du Nord ; si tous ont le même fond de moralité, il ne se manifeste pas sous les mêmes formes. Ainsi allons-nous voir que chez certains peuples, l'idée d'outrage aux mœurs et plus particulièrement le délit qui nous occupe est considérée moins sévèrement que chez les peuples septentrionaux et même que chez nous. Parcourrons les différentes législations du Midi.

ESPAGNE

Le Code espagnol de 1870 traite des attentats aux mœurs dans son titre IX ; il parle d'abord de l'adultère et punit la femme coupable, mais il ne réprime l'acte du mari que lorsqu'il y a eu, comme chez nous, entretien d'une concubine au domicile conjugal. Le viol, les rapports contre nature, mais seulement lorsqu'ils sont commis avec un incapable ou un enfant au-dessous de douze ans, sont réprimés. Le simple commerce charnel est encore puni, mais seulement lorsqu'il a eu lieu entre une jeune fille et une personne appartenant à l'autorité supérieure, dit la loi, un prêtre, un parent, un tuteur ; la loi espagnole punit encore l'inceste, mais seulement lorsqu'il est commis par un frère sur sa sœur, celle-ci ayant moins de vingt-trois ans. Sont aussi punis l'excitation habituelle de mineurs à la débauche et le rapt (art. 448 à 466 du Code pénal).

L'outrage public à la pudeur est bien réprimé, mais pas cependant dans les mêmes conditions que chez nous. De graves différences existent au point de vue du délit lui-même et de la peine qui le frappe. Pour qu'il y ait outrage public à la pudeur, il faut avoir été pris en flagrant délit d'impudicité ; il faut donc, à l'encontre de notre législation, avoir été vu et non pas seulement avoir pu être vu. Il faut que réellement l'acte impudique ait été aperçu par quelqu'un, que la pudeur ait été certainement blessée. Quant à la peine, elle est peu grave, c'est celle du « destierro », c'est-à-dire l'interdiction de séjour, la peine restrictive de liberté, la plus douce de ce Code. Enfin, est puni comme outrage à la pudeur le fait de causer un scandale public par la conclusion d'un mariage civil, si le précédent mariage religieux n'a pas été dissous. C'est là qu'on peut voir le mélange des idées religieuse et juridique dans la législation espagnole.

PORTUGAL

La législation portugaise dans son Code pénal de 1886 punit les attentats aux mœurs. Le viol d'une femme de moins de douze ans emporte la peine de quatre ans de prison et de huit années de déportation ; la séduction d'une jeune fille de moins de dix-huit ans est punie d'un an de prison. L'attentat à la pudeur avec violence est puni d'une peine correctionnelle, celle de l'emprisonnement pour trois ans au maximum ; le fait devient cependant un crime quand l'attentat à la pudeur avec violence est commis par un ascendant, un frère, un tuteur, un professeur ou un ministre du culte, un fonctionnaire ou un domestique, ou si l'auteur de l'attentat a communiqué à sa victime une maladie honteuse (art. 398). Celui qui par séduction a abusé d'une vierge doit l'épouser ou la doter (art. 400).

L'outrage public à la pudeur ou plutôt à la morale est puni par le Code portugais. Celui-ci se montre à un certain point de vue plus rigoureux que le nôtre; il admet l'outrage à la morale par paroles prononcées en public et le punit de trois mois de prison et d'un mois d'amende au maximum (l'amende doit s'entendre d'un mois de revenu). S'il s'agit d'un outrage à la morale commis par la voie de la presse, c'est-à-dire par dessin, écrit ou publication quelconque, le maximum de la peine devient de six mois de prison, l'amende reste la même. La même peine est prononcée quand il s'agit d'un acte impudique, mais qui aura été commis en public (art. 390 à 420). Nous venons de voir que jusqu'ici la législation portugaise est certainement la plus indulgente, pour ce genre de fautes, que nous ayons rencontrée. Il est cependant un délit contre les mœurs que la loi portugaise traite avec une grande sévérité, c'est l'adultère de la femme : il est puni d'un emprisonnement cellulaire de deux à huit ans ; le complice est puni de la même peine et doit des dommages-intérêts. Comme chez nous, les seules preuves admises sont le flagrant délit ou des lettres ou autres écrits et la poursuite n'a lieu que sur la plainte du mari ; elle doit être précédée d'une demande en divorce devant le Tribunal civil, et l'action publique ne peut être exercée que quand le divorce a été prononcé. L'adultère du mari n'est puni que d'une amende et encore dans le cas où il y a entretien d'une concubine dans la maison conjugale (art. 400 à 403). Le proxénétisme est également puni.

CONCLUSIONS

Nous venons de passer successivement en revue la législation française et les différentes lois des peuples civilisés sur l'outrage public à la pudeur. Il nous reste maintenant à nous demander s'il n'y aurait pas des réformes à introduire au point de vue de ce délit dans notre Code. L'article 330, tel qu'il est rédigé, tel que la jurisprudence l'a interprété, tel enfin qu'il se présente aujourd'hui dans nos mœurs judiciaires est-il le dernier mot d'une sage et prudente législation? N'appelle-t-il pas une réforme, ne devrait-il pas être modifié dans une refonte de nos lois pénales? Les critiques que nous avons formulées au cours de cette étude, les décisions judiciaires que nous avons exposées et combattues montrent assez que nous ne considérons pas comme parfait l'article que nous avons commenté. Cet article, rappelons-le, est formé de deux éléments bien distincts : l'outrage à la pudeur et la publicité ; quand ils sont réunis, rien ne saurait empêcher les tribunaux d'appliquer la loi. L'élément intentionnel est presque banni, peu importe même qu'il y ait eu ou non scandale. Il suffit non pas que l'acte impudique ait été vu par une personne quelconque, mais seulement ait pu être vu pour que la peine soit encourue. On ne se préoccupe nullement de la victime de l'outrage ; il semble qu'il y ait pour nos lois une sorte de délit *intrinsèque*, existant *in abstracto*, qui doit être sévèrement réprimé. Il y a là à notre avis peut-être une confusion que le législateur avait cependant voulu écarter, celle de la morale et du droit. Il ne faut pas perdre de vue que ce qu'ont voulu les rédacteurs du Code pénal, après les moralistes du XVIIIe siècle, c'est la protection de la décence de la rue ; ce qu'ils ont cherché, c'est que les actes honteux, immoraux, ne s'étalassent point au grand jour, à la vue de tous, au risque de blesser la pudeur d'un certain nombre de personnes. Or la façon dont la jurisprudence a interprété l'article 330 n'est nullement celle-là. Elle a voulu protéger la morale, presque la dignité personnelle de l'auteur de l'outrage, et quelquefois d'une manière excessive. Il faut bien le dire : le texte de notre article, tel qu'il est rédigé, laisse la porte ouverte à toutes les interprétations ; la généralité de ses termes permet au juge du fait d'englober tous les actes dont l'indécence lui paraît constatée. Mais, nous l'avons déjà dit, une définition de l'outrage à la pudeur est chose difficile, elle ne peut être une énumération, elle risque, si on l'enferme dans les termes d'une formule, d'être trop restrictive ou trop extensive. Aussi est-ce moins sur ce point que sur celui de la notion de publicité que notre article doit être critiqué. Le mot « public » tel que l'a entendu la jurisprudence est, nous l'avons montré, d'un sens beaucoup trop large.

Une autre rédaction semble donc s'imposer : il ne suffit pas que l'outrage ait été public, qu'il ait été réellement vu pour que, à notre sens, il soit punissable ; il faut encore *qu'il ait causé un scandale*. Plus avancées en cela que notre Code, certaines législations étrangères, comme celle de l'Allemagne par exemple, demandent non seulement l'outrage, mais encore *le scandale*. Cette façon de comprendre notre délit me semble parfaitement raisonnable ; c'est bien le scandale public que le législateur doit réprimer, c'est lui qu'il doit essayer d'écarter. Quel scandale aura causé une personne par un manque de précaution dans un acte naturel quand elle n'a pas été vue ou quand elle l'a été par des adultes qui n'y ont pas prêté attention ? Aucun, et cependant avec notre texte et l'interprétation qu'en a faite la jurisprudence, rien ne peut empêcher un magistrat par trop rigoureux de poursuivre, rien ne saurait enlever au tribunal le devoir de condamner. Et néanmoins, comme nous le disons, aucun scandale n'a été causé, personne n'a songé à se plaindre, le délit a été connu de la justice par le seul fait du hasard, par un propos de l'auteur lui-même de l'acte délictueux ou du témoin qui n'y a attaché aucune importance. N'y a-t-il pas là quelque chose à réformer ? Nous savons bien que dans ce cas la poursuite n'aura presque jamais lieu, mais il suffit qu'elle puisse être intentée pour que nous soyons en droit de demander une réforme ?

Et, dans ce même ordre d'idées, ne serait-il pas possible que notre Code fît une distinction? Ne pourrait-il pas y avoir deux infractions différentes: celle d'outrage aux mœurs et une autre moins grave qui consisterait dans certains actes indécents, certains faits plus ou moins impudiques, mais accomplis sans avoir aucunement l'intention d'outrager la morale? Il nous semble que la chose serait facile. On ne peut évidemment pas laisser sans répression certains actes; mais il faudrait alors distinguer entre l'acte intentionnel et celui qui ne l'est pas; le premier formerait seul un délit correctionnel; le second ne serait qu'une simple contravention. Quand on pense ce qu'est chez nous cette qualification d'outrage public à la pudeur, quelle gravité ce délit revêt, non seulement dans nos lois, mais encore dans nos mœurs, dans l'appréciation qu'on en fait dans le monde; quand on voit d'un autre côté qu'un mouvement inconsidéré, qu'un manque de précaution dans les actes les plus naturels et les moins immoraux peut entraîner une condamnation du chef d'outrage à la pudeur, on tremble du pouvoir arbitraire que peuvent avoir les magistrats du Parquet, maîtres de la poursuite. Une vie tout entière ne peut-elle pas être brisée par la simple inconséquence d'un jeune homme? Et cependant, ce n'est pas là ce que doit vouloir un législateur soucieux de la bonne organisation d'une société.

Nous voudrions donc voir notre article 330 rédigé d'une autre manière. Nous voudrions son dédoublement ; on aurait d'une part l'outrage aux mœurs qui se caractériserait par le scandale causé et par l'intention délictueuse. Bien entendu, nous n'allons pas trop loin dans cette voie : nous n'entendons pas demander que l'auteur de l'acte scandaleux ait voulu absolument outrager la pudeur publique et braver les mœurs ; mais au moins faudrait-il qu'il y eût de sa part un tel oubli de soi-même, un manque si grand des précautions les plus élémentaires qu'on puisse dire qu'il y a une volonté tacite. D'autre part, on organiserait une contravention de police qui embrasserait les outrages aux mœurs dans lesquels on ne rencontrerait ni le scandale ni l'intention.

Comme on le voit, notre législation aurait besoin de nombreux remaniements au point de vue qui nous occupe, mais la tâche est certainement difficile. Il ne se trouve pas une loi humaine qui ne puisse être légitimement critiquée. L'outrage aux bonnes mœurs, à la pudeur, doit nécessairement être réprimé, mais il ne faut pas aller trop avant dans cette voie, il faut éviter, répétons-le, de confondre la morale et le droit. Notre article 330 bien interprété peut se défendre, mais il faut que les juges se gardent de l'étendre selon leur gré, selon les circonstances ou même selon la personnalité de l'agent du délit. C'est malheureusement la tendance que la jurisprudence a prise dans ces dernières années. Or le juge ne doit qu'appliquer la loi, l'appliquer de la même façon pour tous, l'interpréter et se garder d'y ajouter quoi que ce soit.

Vu :

LE PRÉSIDENT DE LA THÈSE,

R. GARRAUD.

Vu :

LE DOYEN,

E. CAILLEMER.

Vu et permis d'imprimer :

LE RECTEUR

G. COMPAYRÉ.

Table des Matières

IMPRIMERIE DES FACULTÉS, 20, RUE CAVENNE - LYON

www.ingramcontent.com/pod-product-compliance
Ingram Content Group UK Ltd.
Pitfield, Milton Keynes, MK11 3LW, UK
UKHW020144220726
13923UKWH00001B/357

9 782019 291167